心一堂術數古籍珍本叢刊

書名：甲遁真授秘集（批注本）（下）
系列：心一堂術數古籍珍本叢刊　三式類　奇門遁甲系列　第二輯　229
作者：【清】薛鳳祚撰
主編、責任編輯：陳劍聰
心一堂術數古籍珍本叢刊編校小組：陳劍聰　素聞　梁松盛　鄒偉才　虛白盧主

出版：心一堂有限公司
通訊地址：香港九龍旺角彌敦道六一〇號荷李活商業中心十八樓〇五—〇六室
深港讀者服務中心：中國深圳市羅湖區立新路六號羅湖商業大廈負一層〇〇八室
電話號碼：(852)67150840
網址：publish.sunyata.cc
電郵：sunyatabook@gmail.com
網店：http://book.sunyata.cc
淘寶店地址：https://shop210782774.taobao.com
微店地址：https://weidian.com/s/1212826297
臉書：https://www.facebook.com/sunyatabook
讀者論壇：http://bbs.sunyata.cc/

版次：二零一六年十月初版
平裝：上下兩冊不分售

定價：港幣　五百八十元正
人民幣　五百八十元正
新台幣　兩千四百八十元正

國際書號：ISBN 978-988-8317-40-0

香港發行：香港聯合書刊物流有限公司
地址：香港新界大埔汀麗路36號中華商務印刷大廈3樓
電話號碼：(852)2150-2100
傳真號碼：(852)2407-3062
電郵：info@suplogistics.com.hk

台灣發行：秀威資訊科技股份有限公司
地址：台灣台北市內湖區瑞光路七十六巷六十五號一樓
電話號碼：+886-2-2796-3638
傳真號碼：+886-2-2796-1377
網絡書店：www.bodbooks.com.tw
台灣國家書店讀者服務中心：
地址：台灣台北市中山區松江路二〇九號一樓
電話號碼：+886-2-2518-0207
傳真號碼：+886-2-2518-0778
網絡書店：http://www.govbooks.com.tw

中國大陸發行　零售：深圳心一堂文化傳播有限公司
深圳地址：深圳市羅湖區立新路六號羅湖商業大廈負一層〇〇八室
電話號碼：(86)0755-82224934

心一堂微店二維碼

心一堂淘寶店二維碼

御部

甲遁真授秘集

甲遁眞授秘集

御部目錄

目終

甲遁眞授秘集 御

青齊薛鳳祚儀甫氏纂著

釋九星所主

蓬星。宜安撫邊境。修築城隍。不宜謁貴嫁娶移徙商賈營建君值辰戌丑未四季月日加二五八宮將兵利爲主。申酉亥子月日加九宮利爲客。

芮星。宜授道結盟從師取友。不宜上官婚姻見貴移徙商賈營建。秋冬將兵半吉。春夏將兵大凶。亥子寅卯月日利主。四季月日利客。

衝星宜征伐叛逆。報怨酬恩。不宜嫁娶移徙築葺出行修造遷

塟上官見貴商賈營建若逢申酉四季月日加六七宮將兵利爲主如值亥子寅卯月日加二五八宮將兵利爲客

輔星宜修道設教伐暴誅凶上官移徙商賈出行嫁娶盖造不宜謁貴將兵之占與衝星同

禽星宜祭祀造塟上官見貴錫爵賞功嫁娶謀望出行移徙投書應舉商賈營建修合療病斷賊群凶若逢寅卯亥子月日加三四宮將兵利主辰戌丑未月日加一宮利客

心星宜求仙訪道療病延醫上官見貴應舉求謀築室營造商賈移徙不宜嫁娶若逢巳午月日加九宮將兵利主申酉月日加三四宮將兵利客 一本嫁娶下有秋吉夏凶四字

柱星宜治病祭祀不宜上官見貴嫁娶移徙出行謀爲商賈營建將兵與心星同　一本宜字下有修築營壘訓練士卒隱跡潛形

任星宜上官見貴投書商賈嫁娶進人口通貨財定法度化人民栽種不宜移徙造葬將兵與芮星同吉　一本見貴下有應舉二字造葬下有針灸二字

英星宜請謁見貴獻策應召會客作樂學藝從師不宜嫁娶移徙商賈遠行上官造葬若逢亥子月日加一宮將兵利主巳午月日加六七宮將兵利客　一本遠行下有祭祀營建

右九星合奇門吉者益吉凶者減凶若無氣不合奇門凶者

並凶吉者減吉。

釋九星尅應

蓬居坎。 芮居坤。 冲居震。 輔居巽。 禽居中。

心居乾。 柱居兌。 任居艮。 英居離。

此九星之定位。依卦為五行。所到之宮。尅應如八門也。宜利已載九星所主之中。

釋列宿所主

二十八宿與日宿循環以隸事也。而有喜怒善燥之不同。故宜利分焉。司天者不可不詳省之。

東方七宿東方性文

角性文而文。宜上策拜章應舉謁貴入學宴會。不宜征伐田獵。

亢性文而威。宜上官出師施令遣使冠帶出行。不宜嫁娶安塟。

氐性文而怒。宜田獵征伐捕盜追亡。不宜謁貴建造。

房性文而喜。宜婚姻出行上官謁貴進表上章封拜宴會療病

進口移徙入宅。不宜造葬。

心性文而善宜婚姻營建出行謁貴施恩賑貸安塟祭祀療病

牧養。不宜征伐捕捉。
尾性文而燥。宜安葬。不宜營建上梁上章獻策。
箕性文而弱。宜宴會不宜謁貴上官。

北方七宿北方性弱

斗性弱而文。宜上策拜章應舉入學宴會謁貴。不宜征伐田獵。
牛性弱而威。宜上官出師施令遣使冠帶出行。不宜嫁娶安葬。
女性弱而怒。宜田獵征伐捕盜追亡。不宜謁貴建造。
虛性弱而喜。宜婚姻出行上官謁貴進表上章封拜宴會療病
進口移徙入宅。不宜安葬。
危性弱而善。宜婚姻營建出行謁貴施恩賑貸安葬祭祀療病

牧養、不宜征伐捕捉。
室性弱而燥。宜安塟。不宜營建。
壁性弱而弱。宜宴會。不宜謁貴上官。
西方七宿西方性威
奎性威而文。宜上策拜章應舉謁貴入學宴會。不宜征伐田獵。
婁性威而威。宜上官出師施令遣使冠帶出行。不宜嫁娶安塟。
胃性威而怒。宜田獵征伐捕盜追亡。不宜謁貴建造。
昴性威而喜。宜婚姻出行上官謁貴進表上章封拜宴會療病
進口、不宜安葬。
畢性威而善。宜婚姻營建出行謁貴施恩賑貸安塟祭祀。不宜

征伐○
觜性威而燥○宜安葬○不宜營建○
参性威而弱○宜宴會不宜謁貴○

南方七宿南方性燥

井性燥而文○宜上策拜章應舉謁貴入學宴會○不宜征伐田獵○
鬼性燥而威○宜上官出師施令遣使冠帶出行○不宜嫁娶安葬○
柳性燥而怒○宜田獵征伐捕盜追亡○不宜謁貴建造○
星性燥而喜○宜婚姻出行上官謁貴進表上章封拜宴會○不宜安葬○
張性燥而善○宜婚姻營建出行謁貴施恩賑貸安葬祭祀療病

牧養。不宜征伐田獵。

翼性燥而燥。宜安葬。不宜營建上梁上章獻策。

軫性燥而弱。宜宴會。不宜謁貴上官。

右列宿所主。宜詳文弱威燥而定强弱之所宜。是在智者心悟之耳。

釋時加十干所宜

時加干者。遁加於奇儀直符之甲也。其法。以時旬甲推至用時泊處。爲時之主星。主星者。乃時所主之宮也。詳註左方干宜之方

時加六甲。一開一闔。不知六甲。被人征伐。

六甲者。甲子甲戌甲申甲午甲辰甲寅也。如冬至陽遁七局。甲子直符己未時。此時旬甲寅在震三宮。即於三宮順遁尋己未而己未乃泊於艮八。則任己爲時之主星。甲子直符加時干己於艮八。則己統天任。加直符甲子於七宮。是爲時加六甲。己加直符甲爲合。生門生宮爲和。而天任陽星加時

爲開。所謂開者是也。又如冬至陽遁四局。甲子直符乙丑時。此時時遁於中五。則禽己爲時之主星。戊統天輔加時干乙於震三。則己儀統天禽而加直符甲子於巽四宮矣。此亦爲時加六甲。但天禽寄乾爲陰加時爲闔。甲乙相加。又爲二龍戰野。不爲吉矣。所謂被人征伐者是也。

時加六乙。借神出入。不知六乙。危殆戰慄。

六乙者。即乙奇所在之宮也。如大寒陽遁九局。甲子直符己丑時。此時時旬甲申在坤二宮。即於二宮順遁尋己丑而已。丑乃泊於艮七。則柱丙爲時之主星。甲子直符加時干己於坎一。則丙奇統天柱而臨乙奇於艮八宮矣。是爲時加六乙。

二奇相生。又　門下會生門爲長生之格。所謂借神出入者是也。　又如立春陽遁八局甲子直符癸卯時。此時旬甲午在坤二宮。卽於坤二順遁尋癸卯。而時還歸本局之坤二。則芮辛爲時之主星。甲子直符加時干癸於巽四。則辛儀統天芮而臨乙奇於兌七宮矣。此亦謂時加六乙。但辛加乙爲白虎猖狂。且傷門會驚門爲返吟。所謂危殆戰慄者是也。

時加六丙。有益無損。不知六丙。如入陷穽。

六丙者。卽丙奇所在之宮也。如驚蟄陽遁一局甲子直符己卯時。此時時旬甲戌在坤二宮。卽於坤二順遁尋己卯。而己卯乃泊於兌七。則柱丁爲時之主星。甲子直符加時干己於坤二。則丁奇統天柱而臨丙於艮八宮矣。是爲時加六丙。丁丙相會於生門。火土相生而身旺。亦謂之長生格。所謂有益無損者是也。 又如立秋陰遁八局。甲午直符乙亥時。此時時旬甲戌在兌七宮。即於七宮逆遁尋乙亥。而乙亥乃泊於乾六。則心庚爲時之主。星甲午直符加時干乙於離九則庚儀反統天心而臨丙於坎一宮矣。此亦謂時加六丙。但庚加丙爲白入熒。又爲勃伏之格。况庚金生坎水而洩氣。坎水得生而尅丙。丙又尅庚。是互奸格。所謂如入陷穽者是也。

時加六丁。出入窅冥。不知六丁。幽坎覆沉。

六丁者。即丁奇所在之宮也。如芒種陽遁三局。甲申直符戊申時。此時時旬甲辰在兌七宮。郎從七宮順遁尋戊申。而戊申乃泊於坤二。則芮乙爲時之主。星甲申直符加時干戊於震三。則乙奇統天芮而加丁奇於離九宮矣。是爲時加六丁。乙丁芮英俱相生。乙加丁爲龍鳳呈祥。所謂出入窅冥者是也。

又如本局甲子直符己巳時。此時時旬甲子在震三宮。郎從三宮順遁尋己巳。而己巳乃泊於艮八。則任癸爲時之主。星甲子直符加時干己於巽四。則癸儀統天任而臨丁奇於離九宮矣。此亦爲時加六丁。但癸加丁爲螣蛇夭矯之凶格。所謂幽坎覆沉者是也。

時加六戊。鬼神呵護。不知六戊。若迷烟霧。

六戊者。即戊儀所在之宮也。如芒種陽遁九局甲戌直符辛未時。此時時旬甲子在離九宮。即於九宮順遁尋辛未而辛未乃泊於兌七。則柱丙爲時之主星。甲戌直符加時干辛於震三。則丙奇統天柱而加戊於離九宮矣。是爲時加六戊。丙到景門南方火旺之宮。而復生其戊。生門又臨此。乃長生之格。所謂鬼神呵護者是也。　又如處暑陰遁四局甲寅直符癸亥時。此時時旬甲寅在艮八宮。即於八宮逆遁尋癸亥而癸亥乃泊於艮八。則任癸爲時之主星。甲戌直符加時干癸於艮八。則癸儀反統天柱而加戊於巽四宮矣。此亦爲時加六戊。但戊既在受尅之方。而癸又往刑之。甲寅雖不作直符。

然乃時旬之首。而癸又在本局之末。是亦當如儀擊刑而並論之。所謂若迷煙霧者是也。
時加六己。如神是倚。不知六己。莫能動履。
六己者即己儀所在之宮。甲戌所遁之位也。如芒種陽遁九局甲申直符辛卯時。此時時旬甲申在坤二宮。即於二宮順遁尋辛卯。而辛卯乃泊於離九。則英戊爲時之主星。甲申直符加時干辛於震三。則戊儀統天英而加己於坎一宮矣。是爲時加六己。戊加己於坎。是時九地亦加坎。亦名鬼遁所謂如神是倚者是也。 又如本局甲子直符辛未時。此時時旬甲子在離九宮。即於九宮順遁尋辛未。而辛未乃泊於兌七則柱丙爲時之主星。甲子直符加時干辛於震三。則丙奇統天柱而加己於坎一宮矣。此亦爲時加六己。但丙加己爲刑。所謂莫能動履者是也。

時加六庚。抱木而行。不知六庚災患咸侵。

六庚者庚儀所在之宮。甲申所遁之位也。如穀雨陽遁五局。甲子直符辛未時。此時時旬甲子在中五而寄於艮八宮。即於八宮順遁尋辛丑。而辛丑乃泊於乾六。則心己爲時之主星。甲子直符加時干辛於艮八。則己儀統天心而加庚於兌七宮矣。是爲時加六庚。奇門爲尊甲設。故加庚獨無吉格。今取己儀加之。蓋儀往生庚。而時辛又與庚比。天心金又臨其宮○則庚貪比而安分休門又到其宮○而甲子直符反居生地○不作加辛論也○受生之處亦爲吉矣○辛既生甲子直符水○而直符之甲木乃静○所謂抱木而行也○又如立春陽遁五局甲子直符戊戌○時此時時旬甲午在艮八宮○鄖於八宮順遁尋戊戌○而戊戌乃泊於震三○則衝丙爲時之主星○甲子直符加時干戊於中五○則丙儀統天衝而加庚於兌七宮矣○此亦爲時加六庚○然丙加庚爲勃飛○又爲熒入白○又庚丙相加爲賊格○天衝木往生離火○而尅庚金○丙火朱雀又往制之○而死門又臨○是爲反吟○時旬甲午支火逢小暑爲火旺之氣○衆火制庚○凶莫盛矣○所謂災患咸侵者是也○

時加六辛。草偃風行。不知六辛龍戰損鱗。
六辛者辛儀所遁之宮。甲午所遁之位也。如冬至陽遁一局。
甲子直符丁卯時此時時旬甲子在坎一宮。郎於一宮順遁
尋丁卯而丁卯乃泊於巽四。則輔辛爲時之主星。甲子直符
加時干丁於兌七。則辛儀統天輔還加辛於巽四宮矣。是爲
時加六辛。此宮雖伏吟。然辛加辛會巽四而太陰又復臨之。
亦爲虎遁。所謂草偃風行者是也。又如本氣四局中甲寅
直符戊申時此時時旬甲辰在艮八宮。郎於八宮順遁尋戊
申而戊申乃泊於震三。則衝乙爲時之主星。甲寅直符加時
干戊於巽四。則乙奇統天衝而加辛於兌七宮矣。此亦爲時

加六辛。但乙加辛爲青龍逃走。天衝加天柱爲反吟。所謂龍
戰損鱗者是也。
時加六壬。噴水吐雲。不知六壬。非禍是嬰。 非一依飛
六壬者壬儀所在之宮。甲辰所遁之位也。如芒種陽遁六局。
甲子直符辛巳時。此時時旬甲戌在兌七宮。郎從七宮順遁
尋辛巳。而辛巳乃泊於中五。則禽乙爲時之主星。甲子直符
加時干辛於離九。則乙奇統天禽而加壬於坎一矣。是爲時
加六壬。此時乙奇臨坎。而九天又到一宮。是爲龍遁。所謂噴
水吐雲者是也。 又如本局本旬庚辰時。此時乃泊於巽四。
則輔丙爲時之主星。甲子直符加時干庚於艮八。則丙奇統

天輔而加壬於坎一宫矣此亦爲時加六壬但丙加壬爲破
所謂非禍是嬰者是也
時加六癸潛神伏鬼不知六癸如火入水
六癸者癸儀所在之宫甲寅所遁之位也如大寒陽遁九局
甲寅直符癸亥時此時時旬甲寅在中五宫即於中五順遁
尋癸亥而癸亥仍歸於本局則禽癸爲時之主星甲寅直符
加時干癸於中五則癸儀統天禽加癸亦在中五是爲時加
六癸此時星使星主皆入中宫爲天綱四張之格然中五寄
乾直符加癸則逆遁丁奇於巽四丙奇震三乙奇坤二戊坎
己離庚艮辛兌壬乾而八星皆化爲不伏又爲綱開一面癸

加直符甲寅。又爲時加六甲。但加癸爲利於潛藏。所謂潛神伏鬼者是也。又如穀雨陽遁五局甲子直符庚午時此時時旬甲子在中五宮。卽於五宮順遁尋庚午而庚午乃泊於坤二。則丙丁爲時之主星。甲子直符加時干庚於兌七。則丁奇統天芮而加癸於坎一宮矣此亦爲時加六癸。但甲子直符庚午時爲時干尅日又白虎乘癸到坎。爲虎向水中生。丁爲朱雀投江。所謂如火入水者是也。

右時加十干。世本俱作時干尅應。又復註云。時加甲爲六甲時。時加丙爲六丙時。則是丙時甲時而非時加甲丙也。不察其文。妄立局以註誤後人不淺。今世俱相仍之。直所謂以盲猜盲矣。更揭此而證之。

釋卦象

乾坤之始。萬象斯生。故聖人俯仰動靜剛柔之理以作易。叅天兩地而錯綜其数。兼三才而兩之。故六畫而成卦。是以雷動風散。雨潤日晅。艮止而兌悅。乾發而坤藏也。動萬物者莫疾乎雷。撓萬物者莫疾乎風。燥萬物者莫熯乎火。悅萬物者莫悅乎澤。潤萬物者莫潤乎水。終萬物始萬物者莫盛乎艮。故陰陽相盪。水火相逮。雷風不相悖。山澤通其氣。然後陰陽變化。而萬物成矣。坎陷而離麗。艮止而兌悅。乾健而坤順。震動而巽入。此八卦之性情。乾首而坤腹。震足而巽股。坎耳而離目。艮手而兌口。此八卦之身體。至若乾爲天。爲父。爲君。爲金。爲玉。爲圜。爲大赤。爲

寒○爲氷○爲良馬○爲老人○爲老馬○爲瘠馬○爲駁馬○爲木果○爲龍○爲
衣○爲直○爲言○坤爲地○爲母○爲釜○爲布○爲牛○爲均○爲大輿○爲文○爲
衆○爲柄○爲黑○爲黃○爲方○爲子母牛○爲裳○爲帛○爲囊○爲漿○震爲雷○
爲蟄龍○爲玄黃○爲大塗○爲長子○爲決躁○爲蒼筤竹○爲萑葦○爲善
鳴馬○爲馵足○爲作足○爲的顙○爲反生之木○爲磬○爲鵲○爲鼓○巽爲
風○爲長女○爲繩○爲工○爲白○爲長○爲高○爲進退不果○爲利市三倍○
爲魚爲鸛○爲臭○爲寡髮○爲廣顙○爲多白眼○爲近市○爲楊○坎爲水○
爲中男○爲弓○爲輪○爲溝瀆○爲隱伏○爲月○爲鬼○爲矯輮○爲憂○爲心
病○爲耳痛○爲血○爲赤○爲美脊馬○爲亟心○爲下首○爲薄蹄○爲曳○爲
多眚之輿○爲通○爲盜賊○爲律○爲棟○爲荒林○爲蒺藜○爲狐○爲桎梏○

爲豕。爲堅。爲多心之木。離爲火。爲中女。爲甲胄。爲戈兵。爲日。爲閃電。爲乾。爲牝牛。爲雉。爲鱉。爲蟹。爲嬴。爲蚌。爲龜。爲科上稿之木。艮爲山。爲少子。爲徑路。爲門闕。爲小石。爲果蓏。爲閽寺。爲指。爲狗。爲虎。爲貍。爲鼠。爲黔喙。爲鼻。爲堅。爲多節之木。兌爲澤。爲少女。爲口舌。爲毀折。爲巫。爲妾。爲剛鹵。爲常。爲羊。爲輔頰。此八卦之諸象也。乃奇儀星使之所居。臨皆本斯而取應也

釋卦數吉凶

易曰。動則觀其變而玩其占。皆因其變而占。以測輿衰治亂。其法。以所見災異爲主。變之卦。年卦居左。月卦居右。陰年從右而左。陽年從左而右。二卦比觀。横取其八卦。而所用爲四。既得之。

而以陰陽老少之爻策數共積之。陽年九因。陰年六乘以爲日
月星辰。日月星辰者。卽歲月日時。歲月日時者。卽元會運世。如
年卦小過。月卦乾。乾當三爻。値變候。變而爲履。年干是陰。當從
右而左。乃知爲履咸小過大壯四卦也。積數業詳月卦變爻例
中。欲測人之貴賤。以所生之日時。如年月之例。畫於左右。陽日
自左而右。陰日自右而左。得四卦。積策而復乘之。以爲主算。復
加父母生年。父左母右。亦如是。取更以自己所生之年。定陰陽
剛柔而策積之。爲胎算。共積成數。卽歲月日時數也。若驗日暮
之陰晴。出入之吉凶。卽以所用之時卦。並年月日時之卦。共積
策數。剛日九乘。四九三十六。乘上二卦。柔日六因。四六二十四

乘下二卦。以爲歲月日時。歲月日時。郎元會運世。而元會運世。郎日月星辰也。詳釋左方。

卦策

老陽數九四因之。故毎爻三十六策。

老陰数六四因之。故毎爻二十四策。

少陽數七四因之。故毎爻二十八策。

少陰數八四因之。故毎爻三十二策。

卦六爻。奇陽耦陰。陽當奇。陰當耦。爲少位當也。陽當耦。陰當奇。爲老。位不當也。

釋卦四象

四象者。即歲月日時之策數。千百十零之數也。分而四之。以體用之順逆生尅奇耦。陰陽以成八卦。以斷吉凶也。

四象立成圖

歲	月	日	時
日	月	星	辰
春	夏	秋	冬
天	旦	暮	地
宗祖	父母	自身	子孫
基	兄弟	夫婦	後嗣
世係	外祖	田宅	奴婢

人品	傳智	財帛	壽奇
性	情	形	體
飛	動	走	植
宗廟	天子	皇嗣	百官
帥	將	士卒	甲兵
祖山	來龍	壙穴	沙水朝案
父	母	懷	期
場屋	主試	本身	文字
朝廷	恩命	已身	任所
財	食	我	人

貿主　牙人　我物　他物

本　利　我　人

東　南　西　北

占天時

天氣下降爲雨。日生月數之間。地氣上升爲雲。辰生星數之上。數逆而耦爲久雨。数順而奇爲久晴。一奇一耦時雨時晴。一順一逆或明或晦。星闕者不見日光。辰空者難逢月色。月二七而星一六。朝晴暮雨。月三八而星五十。旦風夕雲。復以爻之變通。而度期之遠近。久雨而逢空必霽。恒晴而遇斷爲陰。一六坎水。壬陰雲而雨潦。二七離火。壬霽日而亢炎。三震雷與入巽風起。四兌來生而澤滿。九乾往尅而天晴。五坤逢尅乃晦乃陰。十艮遇生乃晴乃霽。乾兌爲歲生月。霖雨無疑。震巽爲日生月風晴有準。坎居日雨。離居日晴。乾兌居月而生日。陰雨漫漫。震巽爲月以生日○日晴光朗朗○至於離月生日而尅歲○無雨之徵○坎月尅星而生日○月有風之象○艮月尅歲○雖雨亦止○兌月生日○雖晴必陰○坎月尅日而主陰○離月生日而主亢○乾兌尅歲○先風後雨○震巽尅日始霽終飈○一六尅歲○雨自北來○三八尅日○風從東起○右皆以干百之數爲言○乾坤兩全○雨晴時變○坤艮並見○陰晦不長○四象皆坤爲陰之極○陰極則陽生○四象皆乾爲陽之極○陽極則陰生○二三坎象○則淫雨連旬○一二離爻○則亢旱經月○乾兌之金○秋晴明而冬雪凛烈○坤艮之土○春陰沉而夏暑溽烝○離電震雷○夏重逢而雷電交作○巽風坎雨○冬重遇而風雨驟至○四象皆震則雷驚百里○四象皆坎○則澤遍九垓○地天泰二氣氤氳○天地否兩

儀克塞。天水訟。水天需。千里必須擕蓋。地風升。風地觀。半江不可行舟。既濟。未濟。四時不測陰雨。大過。中孚。三冬必然雨雪。夏得重離多作旱。冬逢重坎定爲霜。右皆以千百十零爲斷。

占世運

歲月爲宗廟。天子。日時爲皇嗣。百官。歲生月而天子聖明。歲生日而儲君丕顯。歲尅月而改元。歲尅日而易嗣。月生日而羽翼己成。月尅日而奪嫡立庶。歲月生時。朝廷有優士之誠。歲月尅時。明后有遠讒之果。時生日月。良臣有尊上之心。時尅日月。奸相有竊權之意。四象俱生。普土皆知聖主。四象俱尅。八方咸動干戈。數進則文治武平。數退則位尸殯素。

占軍旅

軍旅之占。先取日月之卦。日左月右。橫求比觀。當察主客之分。測自左而自右。主則從右。客則從左。各取四卦。以積策數。更合加歲月之卦策。剛日九乘。柔日六因。各成日月星辰四象。日爲帥。月爲將。星爲士卒。辰爲甲兵。日空則大將失利。月缺則偏將無爲。星斷則士卒有傷。辰絕則甲兵不足。彼數強者則深溝高壘以守。彼數弱者則堅甲利兵以攻。我數多尅其日。必獲其首。我數多尅其星。必破其軍。我數空三位二位。喪師而回。彼數缺日策月策。未戰而去也。進數宜攻。退數宜守。月星生日。大將成功。日尅月星。三軍秉命。彼尅我數。我敗之期。我尅彼爻。我勝之日乾兌見兵甲堅利坤艮臨城隍完固彼勢向南者我宜向北彼勢向東者我宜向西蓋以尅制之理定之以成必勝之機彼象坎艮來尅我星須防山水埋伏彼數少來生我多數應知援幟來降出征時數喜進順安營時數喜滿全一六數居星恐其刦寨二七數尅我防其火攻彼數斷而中無震必乏粮草彼數弱而中有艮必定班師觀彼勢旺之方可遯可避乘我所尅之處乃戰乃攻善守者宜擇生氣之地善戰者宜求旺相之時日生月星大將有吼逭之恩星尅日月兵士有皷噪之病

占堪輿

堪輿者天之輿也其占法有二未塟者坐山與向合成一卦以

來龍變其爻。如子一丑二戌五亥六。龍有二節三節。卽變二爻三爻。假令壬山丙向。壬坎丙離。爲水火既濟。初節丑龍二爻變。次節子龍一爻變。三節亥龍六爻變。則變爲巽卦。以既濟居左。以巽居右。以祖龍定其陰陽。如丑爲陰。自右下而旋於左。取四卦以定策數。積之以向。定剛柔而因之。內剛干以九乘之積數千百十零之四象。千爲主山。百爲來龍。十爲穴。零爲向。乾居十首山之穴。坎居十返水之濱。艮居十山田小路多石之所。零是路傍平剛山腰之處。兌應破缺毀殘之間。巽乃勾抱不見之位。巽多喬木。震多竹林。又以四象分東西南北。坎居千則水自東。坎居零則水自北。奇數左來。耦數右至。巽居千而祖山必高。艮居千而峰巒必秀𢀓巽乾見於百宮來龍直注坎離見於百宮龍法彎環𢀓巽居零朝案必高而長艮居零案山必秀而石兌則無朝郎有朝而缺損坎則有水郎無水亦低平四象之數喜進而忌退四象之位惡缺而欣連缺十穴多花假缺零生禍多凶百上逢斷龍不美千位逢空屏障無已塋之占以亡人所生年月日時卦策加之斷法亦同復以乾爲父坤爲母十耦是女墓十奇是男壙缺十難存身缺零必絕嗣又以千爲壙百爲棺十爲骸零爲衣衾此四象之在內者千爲長上百爲兄弟十爲夫婦零爲子息千與十相尅骸不安而後世貧千與十比和魂魄安而後世發千十尅百而兄弟零落千十尅零而子嗣風蓬又當

以本年之奇門。而斷一年之禍福。月奇而定一月之災祥。日奇時奇。俱如是推。如壬山丙向。看奇門臨向到山。合吉星則吉。合凶星則凶。次看月奇以定月。當看合家年命。受吉星生者吉應在此人。受吉星剋者減吉。受凶星生剋者凶更甚。亦應斯人。

占求田問舍

求田者五十莫缺。問舍者三八須全。順生者吉。逆空者凶。全數者宅舍安寧。空缺者門戶多悔。二七無制。定生火災。四九有氣。應多金帛。生內乃富貴之後。剋外乃勢利之人。多空多缺多禍多憂。遇旺則增福瑞。逢衰殊欠精神。歲剋日。防有官符。辰剋星愁招盜賊。生外者財傾。剋內者憂戚。進數必發。退數必衰。旺木尅土藏坎。定主穿窬。二火洩木藏兌。須防傾圮。

占功名

求名必須決策。所用以本生年月日時。加今年之月卦數。欲知何日為應。遂加日卦而合驗之。以所占之遁干定剛柔。陽剛九乘。陰柔六因。以為日月星辰之數。日為朝廷。月為官祿。星為本身。辰為任所。上下不可有逆。內外不可有空。進數升吉。退數禍凶。上尅下。朝廷之旨方嚴。外生內。萬姓之心方協。離為文書。乾兌為幣帛。日月二七生星。文書之喜。日月四九生會。禮聘之徵。日土月火。面聖朝君。日乾辰坤。出將入相。一六坎陷。二七離明。三八而聲聞譽揚。四九則宦囊充足。二七君日月而尅星。文書

懊惱。一六爲月辰而尅星。小人謀尊。零空不利於民。十缺難存
平己。內外丁艱。皆緣百位遇缺。品職削奪。都因日簇逢空。斷兩
位者不吉。空三位者尤凶。星位既缺。而無奇門救者。蒞任喪歸。
星位雖全而爲奇門尅者。官美亦灾。奇數重爲文。耦數重爲武。
以八卦定其方。以五行定其隸。乾爲零則西北。巽爲零則東南。
以星辰而合一卦。觀互爻而驗品。互坤艮則守土之官。或治田
勸農之職。互離兌則掌鑄之任。或錢銀兵甲之司。日月生。星官
祿倍增。千百尅十。必逢裁貶。日月洩星之氣。徒靡精神。日月退
星之數。等級躋蹬。千百尅十而合奇門。必逢差於他鄉。星尅日
月不合奇門。王獲罪於朝廷。現任忌空。零空不管事。十缺宜潜

退。未任別斷。干空始有任而未有期。百鈌向停官而任奉祿。

占應舉

應舉之占。取卦如功名之例。干爲場屋。百爲試官。十爲本身。零爲文字。零旺相文章新奇。十旺相心胸開朗。二七生星文絕妙。三八生十名高揚。數順而全。科名有望。數逆而鈌。榜上無名。十尅百文舉下第。百尅十主司搖頭。百若空試官不閱考卷。千若空舉子未得入場。十逢鈌自失題旨。零逢斷文字差訛。小考鄉試雖有異。年干月建要相扶。

占起造

凡占起造。推算須精。所用上梁之年月日時卦之策數。加宅長本命之卦數以起造之日辨剛柔九六而因之以爲日月星辰之策即千百十零之數也年爲基月爲兄弟日爲夫婦辰爲子息四象皆全定能常久四象有缺豈能堅固三七相連應造迴祿四五相連僅存死祿四九一六相連先看木柄二八五十相連先看垣頹年空不利父母月缺禍延兄弟星斷夫婦多灾辰絶子孫多悔得順數者先貧後富得逆數者先富後貧

占家宅

凡占家宅次第可知當以合家年命住居山向本年之卦共積卦策以太歲分剛柔而九六因之以成四象數空必耗其財數全必增其利日月缺則宅長子息之灾生星辰斷則諸孫臧獲

之凶至。重尅重逆。灾禍迭興。重斷重空。死喪相繼。秋得夏數。疾病相仍。夏得冬數。禍患將作。秋得冬數。定生瘧痢之疾。春得夏數。應有疫癘之灾。數當旺相。福祥駢臻。數順者吉。數逆者凶。上生下。日進資財。下生上。日消財產。下尅上無妨。上尅下可慮。奇數盛者男子多。耦數多者女人衆。又以十為住宅。零為向案。宅向利於比合。不宜尅賊。

占黍稷收成

田禾之占。年卦居左。月卦居右。陽月自左下而順行。右陰月自右下而逆行左。以成四卦。積其策數。以太歲分陰陽。而九六乘之。以成四象。元為根。會為苗。運為花。世為實。三八為禾稼。五十爲畎畝。若坤艮並而地土相宜。震巽連而禾苗挺秀。月雖具而星缺。苗而不秀。星雖備而辰空。秀而不實。巽多爲風。兌多爲雹。一六多水潦相仍。二七多旱魃爲虐。六八而下生星辰。調風順雨。五十而上生月星。歲稔年豐。上兩象數順。早禾有成。下兩象數順。晚禾有收。兩兌一巽相連多蠡斯。兩巽一坎相連百穀登。

占出行

行止非人自主。出處惟數是托。當行之日時年月。積策爲日月星辰。剛柔日干。六九推定數。逆當停車馬。數順命彼倌人。空缺則習出不歸。魁賊則重出忘反。日爲未行之期。逢缺而始必有阻。月爲將往之日。遇斷則去也必歸。星數斷而中途多厄。辰數空則到彼有危上尅下勞苦千般內尅外利市三倍四象之主星爲身月爲事數逆難於動身象空行有所阻日月數退去而復返星辰數逆中途留連進數星旺爲吉退數星衰者凶日月缺爲臨行有阻而未有大咎星辰空主到地有災而實爲最凶三八尅星應風阻滯一六尅星陰雨碍行舟行防風波之驚陸行防盜賊之廹上生下有利有名下生上虛名虛利受星所尅之象即爲所往之方奇多終得動耦多定遲延

占謁貴探友

謁貴以日爲主探友以辰爲主日空未可往見大人辰缺豈宜求見親友日尅星而朱門似海零尅十而自眼看人月生星而

惠贈必厚。辰生星則禮待必周。月生星留飲而歸。月尅星枵腹而返。飲食詳察。五行卦象取驗不爽。若求所往之情須明八卦之象。日爲首。星爲躬。月爲手。辰爲足。服色喜怒皆以卦象而推。

占行人

凡占行人。先推遠近。仍分內外。以定家商。日月星辰是爲四象。日月居上。乃爲旅客之爻。星辰居下。乃爲所處之地。乾震主動而身將來。坤艮主静而足未舉。兌爲口舌所撓。坎應險陷所阻。離爲文書而信至。巽爲不果而徘徊。一六相連。方舟而至。五十相續。駕轂而來。空一位者因疾留。空二位者應變故。在家而空上者非此推。在外而空下者非此斷。在客而生內者即來。在家而生外者郎去。在旅而尅下者應不歸。在舍而尅上者應難出。大概內外相生有庶幾。上下相尅亦徒爾。日月退數來而復返。星辰退數。中途留連。然惟進數生星行人可據。退數尅星其行趦趄。初數鈌行人　離地方。中間斷行人定爲事阻。遠則生旺之月。近則生旺之辰。爲行人之來日也。

占期約

朋友以信交。道之規。既乏千里命駕之良朋。詎有尾生抱柱之至信。故因之以占驗。亦擇交之一道耳。四象以日爲彼。以星爲我。月爲會所。辰爲其動靜也。我往生彼應不至。彼來生我應郎來。彼來尅我其言虛。我去尅他其來緩。比和則相信而終必至。

相尅則各疑而終不來。艮坎爲日彼有阻。震離爲日即相親。奇則速來。耦則遲至。月空而中途復返。日缺而彼却有灾。辰上見震。足下勤勤。辰上見巽。進退不果。細推卦象。其明如神。

占附舟

舟行以日爲我。以月爲榜人。以星爲舟。以辰爲水。月生日數舟子之意殷勤。日生月數舟人借我之庇。月尅日須防暗害。日尅月放懷無疑。星生辰須防其漏。辰尅星可慮其沉。星尅辰無礙。辰尅星甚凶。一六在下而被尅。水淺舟膠。三八在上而尅星。風狂浪惡。仍察卦象細推吉凶。辰居坎而星不宜見巽。恐有風濤。星尅水而辰不宜見金。須防水入。大槩星宜三而辰宜六。數進片帆無恙星忌八而辰忌二數退解纜有憂日月不宜見坎艮主陰雨險陷而多阻日月最喜見乾離主晴明而主客相投四象不宜逢空缺百事須宜合奇門

占貿易商賈

商賈交易必須決策先看四象以分進退惟用月日二卦不用年時二卦必看其貨爲何物以分左右植物自下而上飛物自左而右走物自右而左成四卦積數剛日先九乘柔日先六因日爲貿主月爲牙人星爲我貨辰爲他物日尅辰人嫌貨低月值斷牙中虛詐進數定易成而有益空數縱買得亦徒然日月比合中人祖伊多估價星辰比合牙人護我不虛平辰生星而

獲子利。辰尅星而折母錢。若進數尅星雖成後而多悔。如退數
生星。即退後而還成。日尅星星尅日。俱主難成。星尅月而價落。
月尅星而價增。離乃文書。巽爲倍息。坎主欺隱。兌爲口舌。艮主
多阻。坤主順成。乾則多言。震則頻往。又以日爲資本。月爲利息。
日月順數。買而即得。星辰順數。外人和諧。日月生星。利市三倍。
星生日月。貿本多傾。日多而漸消耗可知。數生星而屢增。大得
可必。月辰空。縱有貨而無人問。月辰比即貨低。亦有人詢。又星
爲途次。辰爲地方。月合星中途有伴。月尅星道遇小人。數進而
行多順意。辰空而此地利微。一六生星利爲行商。五十生星利
爲坐賈。三位齊來尅星。必然不美。四象全逢旺相。定主腰纏

占求財

凡占求財。取卦如貿易。但從上而下。陽日從左。陰日從右。日爲財。月爲食。星爲我。辰爲人。日月數順財應易獲。日月數缺財未堪。求月辰生星欸洽殷勤。月辰尅星失意而返。外生內者宜上尅下者。明一六北方堪入。二七西方可就。三八東四九南五十尅星。須當順命而止。五十生星。尚有可圖之機。逢空則事無成。逢衰則事虛應。若得何物。卦象可推。或兌或坎。空將啓否。

占婚姻

婚姻之占。策數實繁。取卦以二氏之生日與時合爲四卦。男日卦居左。女日卦居右。從左卦自上而下取四卦。以男生時支定剛柔九六因之以成四象是為男日月星辰之策再以男時卦居左女時卦居右從右卦自上而下取四卦以女生日定剛柔九六乘之以成四象是為女日月星辰之策男數欲奇女數宜耦比奇並耦則為不合男以星位為夫女以十位為婦日數空不利公姑月數斷不利伯叔星數斷不利於夫辰數缺應乏子女男族之占如此女家占得亦然陰剋陽而夫不汞陽剋陰而夫成家日剋月主婚不傾其情月生星媒人願與執柯辰生星女家先有元意星生日男家多費聘儀日空必無災母辰空難得和借月空星辰比不以媒而自許元空十零此不以告而自娶數逢進娶後而夫室增輝數遇退嫁後而舅家零落星數八

而日月四。未成而先見口舌。星數五而日月九。未媒而先費金錢。女十當乾震而多財。男十當艮坤而多阻。大槩重在二家之星位。盛星則吉。星衰則凶。星之上爲外家。星之下爲本族。總之喜合忌冲。冲日干時干爲不遂。合日干時干爲必成。要知日時。須審奇門天后所在之宮。不犯尅制者。是其時也。

占麟孕

既婚既嫁。惟期夢月之祥。宜室宜家。乃冀弄璋之慶。故命占而先兆之。是將在懷月之卦。與母本命之年卦。二卦相比。以年卦君左。月卦居右。以所占之年干定剛柔。剛自左而至右。柔自右而至左。比觀橫取。八卦所用惟四。以母所生日主之干爲陰陽之分。陽日先用九四九三十六數。因上二卦而復以二十四乘下二卦。柔日先用六四六二十四數。因上二卦而復以三十六乘下二卦。以得策爲日月星辰之象。月爲母。辰爲子。星爲懷。日爲期也。月生辰易產。辰尅月難生。辰奇爲男。辰耦爲女。月缺母不存。辰空子不育。上尅下者損其胎。下尅上者傷其母。欲知臨產之時。當加占月占日之卦。須辨臨盆近遠。逐加月卦以詳之。臨生之月。乃逢坤坎加星。坎爲血卦。在門庭生期已逐。震當辰而胎懷動。月逢缺而子離身。此加臨期之月卦乃可耳。若非臨產之月。卦逢百位空大凶。

占疾病

疾病之占。取卦兩合遡推病者所生日主與時之卦。積而成數。爲前二卦之策。後以所病之年月二卦。積而成數。爲後二卦之策。以得病之日干分剛柔。剛日以三十六。因前二卦。二十四乘後二卦。柔日以二十四乘前二卦。三十六因後二卦。其積爲日月星辰之數。以日爲病源。月爲病症。星爲病體。辰爲醫藥。日見八爲因風所傷。日見四爲因食所損。數逆進而病難痊。數順退而病易愈。星辰缺數者。命將危。日月數衰者。病將退。日尅星而病漸重。千尅十而病根深。日月生星者。勿藥有喜。星生日月者體弱難支。辰尅星。庸醫誤投藥石。零生十。良醫眞識症。科辰尅日月者。服藥卽效。日月尅辰者。二豎爲殃。辰生日月者。其藥不安疾。日月生辰者。此醫正有時。陽多發熱。陰多主寒。陰陽相戰。寒熱交加。陽數多者晝必重。陰數多者夜必重。逆數尅進病者登名鬼籍。順數尅出。病者除籍刑章。大概尅出者易痊。尅入者難愈。總之數全者尤可。斷者堪嗟。又當察月星孰爲旺相衰疾。星旺縱受月尅。亦堪醫。星衰復受月尅。應難救。子問父不宜見泰。父問子不宜見復。此又以上下象而論之也。要知何症。當叅卦象。坎居星定爲血疾。心痛耳病。離爲星必是火症。目病熱疾。兌爲口肺之災。震爲足肝之咎。艮主手背與趾。乾則應頭腦。心坤乃腹中之疾。巽應股上之殃。亦當以四象論其上下衰旺。决其減增。

占走失追亡捕盜

欲知走失之存亡。當觀四象之生尅。取卦以失物之日時。合年月而成四卦。剛日先九而後六相乘。柔日先六而後九共積。再加失主本命之爻數。因之如子年一亥年十二之類。乘積總數去萬用千爲首。以成四象。是爲日月星辰之數。以日爲物。辰爲盜。星爲失物之主。月爲覓物之地。上生下者易尋。下生上者難索。八卦定其方。四象明其理。辰見乾應爲老人。辰見兌應爲殘疾。震則壯夫而好動。巽爲長体而多爲。月見一六。須至近水之濱。月見二七。定是陶冶之處。三八在草木之左右。四九在金石之邊疆。詳觀卦象。其應如神。坤艮得乾兌。必在州縣。震巽遇五。十多藏溝壑。離連震乃權要之家。坎並兌爲酒肆之內。二木一乾。案臺之上。兩土一震。墻壁之間。巽風爲信息。兌口爲傳言。巽兌在日。詢問老人。即獲巽兌在月。問之壯夫可知。巽兌見星訖女人。巽兌見辰辰問童子。大抵星忌辰魁。魁則往多吝。星喜魁辰。魁則往多功。離居辰而盜自敗。坎居辰而賊善藏。坎爲盜賊。艮爲止伏。坎艮在下。而象物未離。遠坎艮在上。而象物已他行。星數最畏空。魁空則虛費索隱。星位惟喜辰生。生則彼自送歸。月爲藏處。以數推之。月上見乾九里十里。而求震臨月。星三里三十里而覓其方。宜忌載在奇門。

占詞訟

易曰。君子以作事謀始。蓋以訟爲不得已而鳴。然亦不可不愼。故設占以審其動靜也。取卦以日月二卦。比看月爲客居左。日爲主居右。彼訟此則此爲主。當從右而至左。此訟彼則此爲客當從左而至右。取四卦以天符所在之宮爲乘。如在乾宮則以六因。在中宮則以五因之例。得數畢。復以所占之人本生日干分剛柔。剛以三十六因前二卦。二十四因後二卦。柔以二十四因前二卦。三十六因後二卦。共積之以成四象。則日月星辰之策數也。以日爲官。以月爲吏。以星爲我。以辰爲他人。日尅星詞應不準。日尅辰定準其詞。星尅日官許信我。辰尅日官聽彼訴。星尅辰可舉。辰尅星莫爲。日爲官最宜生星。月爲吏豈堪尅十未興訟宜星與辰皆空已入詞宜十强而辰弱若十零相尅多費銀錢彼此相刑定成罪案天乙在星宜托貴月空或尅莫干人日尅辰則彼遭刑日生星則此得勝兌震爲日月而尅星必逢考讞艮巽居日月而尅星應罹禁拘萬數多必經臺院萬數少止本衙門萬屬水詳必批允萬屬火必定駁回星旺此必勝辰旺彼應羸無鬼者事多順有鬼者事多凶辰生星終有理而獲物星生辰終負屈而損財星與日月比和此有友在官府辰與日月比和彼有親在衙門已經官而零空其訟將結未經審而零空其凶必多月尅日吏人欺詐千尅百官吏不利復以我卦他卦兩分此策彼策三八主鞭撲之災二七多哄揞之應四

九爲貨財扭鎖。五十爲田土狴犴。內尅外者事將散。外生入者事將合。欲知致訟之由。當察日月之卦。乾因金財。坤因田土。艮巽爲山林。震兌爲口舌。巽因交易。離爲文書。奇耦得體則易安陰陽不當而難止。上生下則終於州牧。下生上必終歷上司。

占人品

人品之占。取卦以本命年月日時之卦。加父母生年之卦。共積策數。以六合所在之宮爲因。男用天盤加九。女用地盤加六。如六合乘離臨艮。離九。艮八。男用離以九九八十一因積策。女用艮以六八四十八因積策以成四象。日月星辰。以星爲主。星旺者則富。星旺而受日生。祖宗蔭庇之人。星旺而受辰生。乃爲富

世尋泥於卦毋獨恃於奇也二語神而明之存乎其人

貴之士。星既旺而又受辰生或月辰並生。必是權勢之人。星生辰是儉嗇而起家者。星生日月亦然。星尅日月是敗家蕩產之人。辰尅星是薄利屢空之輩。星衰乃清閒之士。星衰而又受尅應是廢人。星衰而日月亦衰。乃下賤之人。星與日月辰皆比是涉歷四海之客。星旺而日月辰皆比。必是天下一人。不然亦是高人仙客。

占飲食射覆皆照卦象取驗。憂疑之占。皆可以日時推看不須贅。

右卦占須看三奇吉門合所行之事更吉也。世尋泥於卦毋獨恃於奇也。

御經

書部

甲遁眞授秘集

甲遁眞授秘集

書部目錄

目終

甲遁眞授秘集書

青齊薛鳳祚儀甫氏纂

甲子戊儀

洪水瀰對。三河俱合。獨有生門。山高可託。

右戊統天蓬直符臨坎。二水雖比。然伏吟之格。未可爲吉也。正卦上坎下坎。變卦上又爲坎。故曰洪水。互艮。故曰瀰對。三河者。三卦三見坎也。甲子時爲之安靜。六戊時爲之伏吟。不利舉動。惟艮稍吉。故曰山高可託。此方惟利水攻。

灼灼泉源。釣鯉山巔。魚不得食。火不得然。

右戊統天蓬直符臨坤。水爰尅於土。正卦大象。坎變卦大象離。故曰灼灼。二卦上見坎。故曰泉源無巽象而見艮。故曰釣鯉山巔。不得食者指無巽兌也。火不得然者指無離也。故其象如此。此方不利求謀。

獵獐逐鹿。鼓崩網破。縱得飽歸馬蹷馬足。

右戊統天蓬直符臨震。水往生木。自洩其氣。又為擊刑之格。正卦上坎。錯離有鹿象。互艮有獐象。下震為足。故曰逐下震變為坤。則無震象矣。故曰鼓崩網破。指無離也。飽者指坎中滿象。馬足者震卦象也。此方不利有為。

春楊垂綠。發長條枝。利市三倍。金玉是宜。

右戊統天蓬直符臨巽。水往生木。正卦下巽。為木。又為繩。故

曰春楊垂絲。互離故曰夏長。利市者指巽也。金玉是宜者。乃指下卦變乾也。此方利商賈婚姻上官栽種。諸事吉

珪璧琮璋。執贄見王。會我多福。家室寵光。

右戊航天蓬直符臨乾。水受生於金。正卦下乾。有圭璧琮璋之象。王指乾也。家室者變卦下巽錯。而互為艮震也。光指離也。此方利謁貴上官商賈出行。

虎狼載道。噬彼豕羊。路衢雖通。驚險須防。

右戊航天蓬直符臨兌。水受生於金。然子刑酉。故不為吉也。正變二卦皆互艮。有虎狼載道之象。噬彼豕羊。者指兌上見坎也。路途指艮。逼指坎。驚者兌宮之門。險指坎也。此方不利

遠行上官。

道陟多阪犬豕蚘蟺。車不利載。謀莫遂願。

右戊統天蓬直符臨艮水受土尅。然復變火以生土。自洩其氣。正卦下艮上坎有道陟多阪犬豕蚘蟺之象。車不利載者。坎輪艮止也。此方不利出行商賈上官謀爲。

金精耀怒。提戈遏午。日中而蝕。白晝若暮。

右戊統天蓬直符臨離。水往尅火。又爲反吟之格。離乃先天乾宮。所謂金精者是也。離爲戈兵。又爲午地。坎月離日。坎尅離日蝕之象。此方不利舉動。

玄黃虺隤。行者勞罷。坎陷在前。往不得歸。

右戊統天芮直符臨坎土往尅水死加休亦同此格中互震所謂玄黃也虺隤馬罷不能登高之象指下見坎爲薄蹄之象也行指震也故其象如此此方不利遠行

衆人擊鼓反逐光怪履氷踐霜咎而有悔

右戊統天芮直符臨坤二土雖比然六戊時爲伏吟之格不以爲吉也變卦上坤爲衆下震爲鼓逐光怪者不見離也履氷踐霜者坤初爻之象也此方不利上官出行惟利安葬漁獵

黃牛騂犢東行折角冀得布帛反亡我槖

右戊統天芮直符臨震土逢木尅又爲擊刑死門加傷亦同

卌格坤爲牛東行者指震也折角指擊刑也布帛囊橐皆爲坤象此方不利有爲

喬木廣土公劉之居杜絕死門得以長生

右戊統天芮直符臨巽土受制於木正卦下巽有喬林之象廣土者指上坤也死門加杜亦同此格此方利於安葬治病諸事不宜

邑都開市各獲錢布囊橐車馬利我商賈

右戊統天芮直符臨乾土往生金雖洩其氣然泰卦變臨爲吉象正卦上坤有都邑之象乾爲開門變巽爲市錢指乾也布帛囊橐指坤也車馬指坤互震也此方利商賈出行謀爲

婚姻。

六人同行。各遺其囊。相顧驚駭。鬭爭毀傷。

右戊統天芮直符臨兌。土往生金。自洩其氣。又爲擊刑之格。變卦坎。故曰六人。同行者二卦皆互震也。各遺其囊者。正卦坤承兌變卦坤承坎也。兌坎爲驚駭鬭毀。此方不利出行商賈。

黃牸登山。止於石傍。渴餧成疾。貧寇盜。

右戊統天芮直符臨艮。二土雖比。然反吟之格。不爲吉也。正卦上坤爲牛。下艮爲止。爲石。渴者變卦下離也。餧者有離而無兌也。又坎爲寇盜。故其象如此。此方不利有爲惟宜避匿安蒫。

虎狼所宅。不可休息。網羅衆布。戈兵森立。

右戊統天芮直符臨離。土雖受火生。然明夷之卦。未可爲吉也。變卦下艮爲虎。坤艮爲宅。正卦下離爲網。爲戈兵。故其象如此。此方不利入宅上官。

春桃生花。之子宜家。男悅女和。食我福多。

右戊統天衝直符臨坎。木受水生。正變二卦。二見震象。故曰春桃。互離爲明麗。故曰生花。悅和與食。皆指變卦下兌也。此方利嫁娶。上官。出行。入宅。

雷聲殷殷。泉滿山陰。衆人偕行。馬足陷涔。

右戊統天衝直符臨坤。木往尅土。正變二卦。三見震。故曰雷聲殷殷。互艮而見互坎。故曰泉滿山陰。衆指正卦下坤。借行指二卦上皆震。馬足指震。陷濘指坎。故其象如此。此方不宜出行。

鉛刀割水。了不能闢。安靜無爲。動而有悔。

右戊統天衝直符臨震。二木雖比。然擊刑伏吟之格。不爲吉也。二卦無離而見坎。有鉛刀割水之象。值六戊時爲伏吟。不利舉動。謀爲。動則有悔。

朽根枯枝。刀斧繼傷。病在口足。緣陰變陽。

右戊統天衝直符臨巽。二木雖比。然正卦大象坎陷。是不爲吉。下巽而上互兌。又變乾。初爻變故曰根。上震故曰枝。刀斧者指互兌也。病在口足者互兌與上震也。此方不宜療病出行。惟宜漁獵。

西北喪朋。木逢金剛。出門入室。夫婦見傷。

右戊統天衝。旨符臨乾。木受金尅。乾爲西北之卦。故曰喪朋。門室者指上震綜艮也。入指變卦下巽也。夫婦者指變卦上震下巽。長男長女也。見傷者震爲傷門之卦也。此方不利出行入宅。惟利捕索漁獵。

三殺七羘。迷入室宅。値彼匪人。封割傷敗。

右戊統天衝。直符臨兌。傷門加驚。亦同此格。木受尅於金。又爲擊刑反吟之格。兌變而爲坎。上復互坎。盜賊匪人之象。下互離爲戈兵。下兌爲口實。刲割之象。此方不利遠行。

反鼻矆目。二孀闚戸。貞靜是宜。動悔無咎。

右戊統大衝直符臨艮。木徃尅土。不知止妄動之象。如孀婦之不守貞而闚人於門。吝莫甚矣。然所以致尤者。皆自悔之也。中互兌巽皆陰。故曰二孀也。艮爲門。爲鼻。下變離爲目。故曰反鼻矆目。此方不利舉動。

文雉飛鳴。止於萑葦。羅網斯張。動見絓罹。

右戊統大衝直符臨離。木徃生火。自洩其氣。正卦下離。文雉之象。飛鳴者。上見震也。震爲萑葦。離爲網羅。故其象如此。此

方不利上官出行惟利弋獵

牽羊不前入于坎澤壯趾暫休勿信其紿

右戊窺天輔直符臨坎雖木受水生然渙散之卦不爲吉也變卦下兌爲羊上巽爲繩牽象也互艮爲止故曰不前入於坎澤者正卦下坎也互艮爲止互震爲足故曰趾坎有言象變兌爲毀折故曰紿此方宜燕會不利共人謀爲

青牛自足與我俱田歷山之下可以多畊

右戊窺天輔直符臨坤木往尅土上巽下坤坤變震中互坤古者耒耜蓋取諸益互艮故曰歷山坤在艮下變卦下震互坤青牛之象巽白震足此方利種植安塟

鵲欲隨鳳。止於東邑。但見日中。復反北室。

右戊綂天輔直符臨震。二木雖比。然爲擊刑之格。不爲吉也。且初爻變爲坤。則木又剋土矣。正變二卦上皆巽。故曰鵲鳳。巽爲進退。不果。故曰欲。正卦互艮。故曰止。下震互坤。故曰東邑。大象離。故曰日中。而變卦下坤互坤。故曰北室。蓋北乃先天之坤位也。此方不利舉動。動則有復反北室之咎矣。

毀復折股。不遑寧處。天雞不鳴。日中還驚。

右戊綂天輔直符臨巽。二木雖比。然伏吟之格。不可爲吉也。正卦上巽。互兌承之。故曰折股。無艮象。故曰不遑處。正變二卦皆互離。故曰日中。變卦下乾上巽。故曰天雞。無震故曰不

○鳴鷲指兌象也○此方不利有爲○
輔心反吟○若入淵穽○郎聾從昧○動見禍殃○
右戊統天輔直符臨乾木受制於金○正卦大象離中虛○故曰
穽無坎象○故曰聾○互離而見三巽爲白眼○故曰昧○且爲反吟
之格○凶可知矣○此方不利謀爲○
憂病相仍○恐見恐驚○困於坎澤○悲愁厥心○
右戊統天輔直符臨兌○木被金尅○又爲擊刑之格○凶可知矣○
下卦兌而變爲坎○憂病相仍之象○驚者兌宮之門也○坎澤者
兌變坎也○坎爲心病○故其象如此○此方不利有爲○
木根既衰○剝凋花葉○生機已息○火水未濟○

右戊統天輔直符臨艮。木往尅土。生門被尅。不爲吉也。若天盤生門又臨可减其凶。本艮玉巽。艮變爲離。爲無土之象。故曰木根衰也。生機已息者。生門被尅也。中互離坎。故曰未濟。此方不利婚姻。惟利安塟。

執斧伐柯使媒求婦。和合二姓。旨酒悅喜。

右戊統天輔直符臨離。木往生火。雖洩其氣。蓋家人之卦。則爲和也。且互坎加離爲既濟。初爻變離爲艮。少男之象。二卦俱互坎。旨酒之象。故其占如此。此方宜婚姻。謀爲安葬上官諸事吉。

金玉既盈天之奥府。入於南國。惟德是輔。

右戊統天心直符臨坎。金生水雖洩其氣。然坎乃先天坤位。乾加之爲天地定位。且爲二吉門之星會合於甲子直符休逸之地。故曰吉也。二卦皆上乾。故曰金玉。互離見乾。故曰南國。其象如此。此方不利有爲。

衰陰老。極陽見其德。金玉有富利我家室。

右戊統天心直符臨坤。金受土生。正卦下坤。有陰極之象。坤爲厚德載物。變卦大象離。坤土又生乾金。故曰陽見其德。乾金。坤帛。互艮見坤爲家室。坤爲衆。故曰富。互巽。故曰利。此方利入宅移徙。

天厭周德。命與南國。烽灾綿亘。兵草未息。

右戊統天心直符臨震金往尅木又爲儀擊刑凶莫大焉正卦上乾爲天變卦下坤爲德正卦互離爲南爲火又爲戈兵故其象如此此方不利有爲惟利追捕

思復上古衰德無輔喬木根枯不能長育

右戊統天心直符臨巽巽木被尅初爻變其陰爲純陽故其象爲根枯不育若陽遁局中丙奇在巽又化凶爲吉蓋丙火能制天心直符之金此方遇上凶則不利於嫁娶遇丙奇則利舉動

仁政不暴四方咸寧開國承家天朗風清

右戊統天心直符臨乾二金雖比然伏吟之格未可爲吉也

乾爲國。爲開門。故曰開國也。天朗風清者。變卦上乾下巽也。
甲子時爲。四方咸寧之象。不爲伏吟矣。若六戊時則爲伏吟
象反是吉。吉則此方利。不吉則此方不利也。

日出暘谷。照臨西邑。金玉盈載。莫有毀折。

右戊統天心。直符臨兌。二金雖比。初爻變而爲水。又得金生。
但坎爲盜賊。而中互離火明麗。又爲戈兵。不足畏也。但天盤
兌爲驚門。驚門若臨。則主虛驚。此方將兵利爲客。盖子刑酉
也。

陶朱白圭。善價息貧。王孫嘉喜。福祿是宜。

右戊統天心。直符臨艮。金受生於土。二吉星之門相會於生

方○變卦大象離○故曰陶朱○互巽爲白○互乾爲圭○又爲玉○艮爲少○男有王孫之象○乾爲金玉○故曰善價○此方利於遠行○商賈○上官○嫁娶○

安於泰山○福祿並臻○雖有豺虎○不能傷人○

右戊統天心○直符臨離○金雖畏火○然南方本先天乾位○是爲遷居正位也○所以象云○雖有豺虎○不能傷人也○泰山指變卦下艮也○此方利於應舉○上書○不利求財○

狐伏而鳴○鬼笑澤濱○雖無大咎○宅舍多驚○

右戊統天柱○直符臨坎○金往生水○自洩其氣○又兌爲毀折○臨坎爲險陷○坎爲狐○爲鬼○見兌則爲嘯○兌又爲澤○故其象云然○

雖無大咎。宅舍主多驚也。此方不利遠行。若驚門復加坎。大凶。

窮鬼守門。目毀我盤。徑路草瀰。不能長征。

右戊統天柱直符臨坤。雖金受土生。但驚門之星臨死門之宮。不爲吉也。正卦大象坎。故曰鬼。互艮爲門。變卦下震。互艮有盤之象。見兌故曰毀。艮爲徑路。下震爲草也。正卦下坤。變爲震。互艮。有動而止之象。故曰不能長征也。此方不利遠行。

六儀擊刑。無傷有驚。羝羊觸藩。最凶反吟。

右戊統天柱直符臨震。金往尅木。東西相向。是爲反吟。二卦上兌爲羊。互巽爲入。爲進退不果。互艮爲止。下震變坤爲藩。

正卦大象爲離。故曰羝羊觸藩也。此方不利諸事。惟利漁獵。

刲羊不當。三老共食。輔頰欠利。莫能有益。

右戊統天柱直符臨巽。金徃尅木。兌爲羊。故曰刲羊。初爻陰爲不當。下變乾。中互皆乾。故曰三老。上兌爲口。又爲毀折。無坤象。如無齒。又巽爲輔星之卦。故曰輔頰欠利。此方不利有爲。惟利追捕。

雞鳴失時。商賈邅馳。金玉雖富。損折亦隨。

右戊統天柱直符臨乾。雖二金比和。但毀折之金臨乾。而初爻又變而爲陰。化爲巽木。巽爲雞。無離象。故鳴失時。乾爲金玉。爲富。兌爲毀折。故曰損折亦隨。故其象如此。此方不利謀

為惟商賈利暫不利久

隱隱煩煩火燒木根鑿泉救焚進退多驚

右戊統天柱直符臨兌二金雖比然伏吟擊刑不為吉也二卦皆互離變卦下坎但是困卦又互巽為進退且兌為驚門之卦故其象如此此方不利出行營建

朝鮮之地姬伯所保宜家宜人百祿壽考

右戊統天柱直符臨艮金受生於土又為三吉之方變卦下離先天東方之卦且離為日為鮮故曰朝鮮姬指上兌也家指艮也故其象如此此方利於百事但不可以驚門加之驚門加則減吉也

無足斷齦。居處不安。退止咸驚。進有毀殘。

在戊統天柱宜符臨離。金受制於火。凶莫大矣。二卦無震象。故曰無足。初爻陽變。故曰斷齦。且指上兌爲口也。下艮上兌。故曰進有毀殘。咸者咸卦也。止者艮象也。而驚者兌宮之門也。故其象占如此。此方不利舉動。惟將兵利主。

跛而遇陷。凶莫爲甚。羣豕伏澤。求活不能。

在戊統天任宜符臨坎。土性尅水。正卦互震而下坎。跛而遇陷之象也。坤爲衆。坎爲豕。變兌爲澤。有群豕伏澤之象。故其象占如此。此方不利於有爲也。

危坐至暮。請求不得。膏澤不被。空囊息槖。

右戊統天任眞符臨坤。二土雖比。然反吟之格。未可爲吉也。
正卦上艮下坤。一陽在五陰之上。有危坐之象。變卦大象離。
錯坎。故曰至暮。無坎兌象。故曰膏澤不被。坤爲囊。變卦大象
離中虛。故曰空囊也。此方不利求財。
弱趾剛跟。莫利出門。手足無措。商賈未贏。
右戊統天任眞符臨震。土受制於木。又爲擊刑之格。正卦下
震爲足。初爻陽變陰。有弱趾剛跟之象。上艮爲門。震變爲坤
則無震象矣。故曰莫利出門。艮手。震足。故其象如此。此方不
利出行。求財。商賈。謀爲。
風生雲湧。草木動搖。不見月光。未有大咎。

右戊統天任直符臨巽。雖木來尅土。然巽中有巳丙之火。反生艮土故其象云無大咎也。正卦下巽爲風互震亦爲雲又震草巽木。無離象。故曰不見日光也。此方利於安葬不利修建城郭宮室。

鳲鳩九子。同公共母少姜在門。君子嘉喜。

右戊統天任直符臨乾開生門相合。亦同此格。土往生金。二吉相會。正卦下乾乾乃先天艮七之方。後天艮八加先天乾一。共成九數。下變巽爲鳥。故曰鳲鳩九子。互兌爲少女上艮爲門。君子指乾也。喜指互兌也。此方利上官入宅無生門加乾又利安塟。

雷鳴不聞。耳病是嬰。不諳世事。長子在門。

右戊統天任直符。臨兌。土徃生金。自洩其氣。然亦爲擊刑之格。正卦下兌變坎。土反尅水。兌變坎。故曰耳病。中互震長子之卦。上見艮止。又爲門。震欲動而艮止。况正卦下兌係驚門之卦。如人之不諳世事。妄自虛驚。不敢動履。故曰長子在門。此方不利謀爲。惟利追亡安塟。

春多膏澤。憂潤優渥。粱稷百斛。師律可覇。

右戊統天任直符臨艮。二土雖比。然伏吟之格。不爲吉也。若值甲子時。又爲吉格矣。二卦互震爲春。互坎爲膏澤。變卦下離爲憂。互坎有優渥象。故象占如此。六戊時爲伏吟。不利行師。甲子時。則百事吉也。

淸人高士。逍遥不歸。君子謁請王孫嘉喜。

右戊統天任直符臨離。上受火生。正變二卦三見艮。下互二坎中互二震。在山水之間。有淸人高士之象。互震而外見艮止。故曰不歸。此方利謁貴謀爲則外居於外而不歸也。

獫狁匪虔、治兵焦源。與周爭强。輿尸喪元。

右戊統天英直符臨坎。火受尅於水、且爲反吟之格。往不利也。正變二卦。四見離而三互坎。一見兌。有獫狁匪虔之象。離爲戈兵。又爲火。有焦源之象。無乾。故曰喪元。此方不利出行、惟將兵利王。

赤狐修尾。莫能動搖。上弱下强。制雌得陽。

右戊統天英直符臨坤。火往生土。自洩其氣。而體弱矣。二卦上離爲赤。互坎爲狐。互艮下坤爲尾。正卦下坤變震。位旣當矣。所以云制雌於陽也。此方不利移徙。謀爲。惟利禦盜。

醇醪乾肉。公悅嫗喜。坎險可惕。莫妄動趾。

右戊統天英直符臨震。木雖生火。然擊刑之格。不爲吉也。互坎爲酒。下震變坤順。故曰醇。坎又爲肉。上見離火。故爲乾肉也。公嫗者。指正卦下震。變卦下坤也。震變爲坤。故曰莫妄動趾。前見坎。故曰險可惕也。此方利嫁娶。不利上官將兵修造宮室。

羔裘豹衣。君子是宜。至老無憂。從吾所之。

右戊統天英直符臨巽。木來生火。又爲天輔助儀。二卦互兌爲羔。互乾爲衣。上離爲豹。乾爲君子。爲老。故其象如此。此方利遠行。百事謀。爲利於君子。不利小人。

覆涅掩足。名困自辱。毀目傷頭。老人悲哭。

右戊統天英直符臨乾。火徃尅金。下變爲巽。又生其火。下巽錯。則中互坎與離。然二卦互乾不見坤坎之象。故曰覆涅不見震。故曰掩足。此方不利舉動。惟宜安埜。

敗柯易葉。飯糜不熟。韓信襲齊。先者受福。

右戊統天英直符臨兌。火徃尅金。又爲擊刑之格。正卦下兌

而變坎反來尅火內坎外離陰陽俱不當位陰居陽陽居陰
有飯不熟之象兌有言象然互爲離離有明象然互爲坎有
不相信之象坎險而陷火往尅金金復變坎而尅火有韓信
襲齊之象也此方不利舉動然將兵利爲客也

兩目既盲瘸而且狂身弱物重止伏不前

右戊統天英直符臨艮火往生土自洩其氣而體弱矣下變
爲離成兩目矣互見巽上下綜觀皆成毀折之兌故曰盲矣
下艮爲止伏不前矣此方不利出行上官

日行南至陽消不息西風載與萬物伏藏

右戊統天英直符臨離二火雖比然六戊時爲伏吟之格不

爲吉也。二卦見離。故曰日行南至。正變二卦惟一艮少男。故冂陽消不息。互兌爲西。互巽爲風。伏吟格。故曰伏藏無坤象。故曰萬物藏也。此方不利出行。上官惟利隱潛。

甲戌己儀

禹鑿龍門。通利水源。鼉蛟歸海。民得安然。

六己統天蓬直符。臨坎。二水雖此。然六己時爲伏吟。不以爲吉也。正卦互震爲龍。互艮爲門。正卦下坎變坤。無坎無震。故曰禹鑿龍門。坎爲通。離爲鼉。震爲蛟。今變卦中無震離象。故曰鼉蛟歸海。若甲戌時不爲伏吟。一白之吉星相合於休門。又爲吉也。此方利於開河穿井。啟門放水。

蓬石隄防。水遏不行。手足胼胝。陰蜺伏藏。

右己統天蓬直符臨坤。水被土尅。下卦二爻變爲坎。中互則成艮震。震蓬艮石。艮手震足。坎爲憂爲病。胼胝之象也。又爲儀擊刑。此方利於安塟。餘俱不宜。

衆神應語。南國民苦。興師征伐。更立賢主。

右己統天蓬直符臨震。中互坤。下變爲兌。則互震坎爲隱伏。坎又爲言。兌又爲口。正卦互綜成師。故其象如此。此方不利上官謀爲。草故從新。得驚門加之。利捕盜。傷門亦然。不利安葬。

公子王孫。弋雉翠微。家室饒足。飽醉而歸。

右己統天蓬直符臨巽。水生宮爲和。正卦上坎下巽。弓矢之象。互離爲雉。下巽變艮爲山。離在中故曰翠微。家室指艮坎中滿故曰飽醉。此方利求財上官商賈諸事。杜死二門加臨。則宜安塟。

冠帶南遊。欣與喜連。爰福西鄰。歸暇玉泉。

右己統天蓬直符臨乾。水爰金生。生下變離。成既濟。六爻皆當位。故其象吉也。正卦互離而下乾。有冠帶之象。南遊指互離也。喜者。指正卦互兌也。西隣指兌象。玉泉乾坎也。暇者亦指兌象也。此方利出行移徙上官婚姻。不利安塟。

雲龍集會。征討西戎。招降納衆。詎遐鋭鋒。

右己統天蓬直符臨兌。水受金生。正卦下兌變震中互爲坤。綜觀成師。正卦上坎互震爲龍。有雲龍之象。下兌爲西。坎爲寇。是曰西戎。故其象如此。此方利納降和敵。集衆興師進人口。入宅婚姻。上官不利。於安塟。有杜門加之亦可。

隱居避世遂其潔清。高尚其志。不入朱門。

右己統天蓬直符臨艮。水被土尅。下變爲木。又盜我氣。艮止。巽入。艮山巽林。二卦無震。是無粟祿。獨水火二象見於外。互兌爲口。飲水而已。故曰隱居高尚其志也。此方不利。應舉見貴。上官。惟利入山結茆訪道。亦不利安塟。

雲龍上天。先暗後明。弋獵大獲。他忌反吟。

右己統天蓬直符臨離。水任尅火。且爲反吟之凶格。變卦上坎爲雲。下卦乾爲龍。爲天先晴後明者。上坎下離也。離爲戈兵。坎爲弓弋。獵之象。大指乾也。故其象如此。此方利田獵飛走。襲虛攻堅。將兵利客。餘俱不宜。

白茀純束中女。宜家在師。言吉。獲其兵車。

右己統天芮直符臨坎。土任尅水。下變爲坤。反覆我比和。故利於婚姻。地水師卦。變純坤。乘順之象。故曰獲其兵車。不有死杜驚傷加臨。則利於出行。謀爲其所宜。忌前已悉於八門所主中矣。

帝陛九重絶不可登。莫利行師。死中伏吟。

右己繞天芮直符臨坤。雖二土比和。然伏吟之格。不爲吉也。

正卦純坤。有帝陛九重之象。又爲六儀擊刑。尤不利於將兵。

坤變爲師。有興師之象。故其象占如此。此方惟宜安埜。

倚利懷義。欲平諸國。反亂天常。咎致滅亡。

右己繞天芮直符臨震。土受木尅。正卦上坤互坤。爲布帛囊

橐。故曰倚利。無艮象。故曰懷義。國者。指坤也。欲平者。指下震

變兌也。下震變兌。有陽進而不知止之象。此方將兵利主。他

俱不宜。

方長偏側。破缺不完。不見茀翣。蹤倚後門。

右己繞天芮直符臨巽。土受制於木。正卦上坤爲方。下巽爲

長。互兌爲破缺不完。離爲茀然。今無離象。故曰不見茀嫪。互震爲足。見兌爲跛。變又互坎。爲險陷也。後門者。變卦下艮也。故其象占如此。此方不利舉動。惟利於安塟。

求兎得獐。過其所望。美服衆指。須防暗傷。

右己統天芮直符臨乾。土往生金。自洩其氣。又泰變明夷。未爲吉也。互兌爲兎。互坎爲獐。離爲月。故曰望。坎陷。又爲隱伏。故曰暗。坤象互震綜艮。故曰指。此方不利出行上官。惟利謀爲弋獵倩託媒妁。利藏不利緉。

不失其常。與衆偕行。身無灾咎。口舌不興。

右己統天芮直符臨兌。土往生金。雖洩其氣。然臨變爲復位當而爲吉也。變卦上坤爲衆。下震爲足。有與衆偕行之象。正卦下兌變震無口舌象也。此方利於出行上官商賈嫁娶諸事皆吉。

雲雨既興。應龍飛騰。順時施行。喬木長生。

右己統天芮直符臨艮。二土比和。正卦變卦大象皆坎。故曰雲雨。二卦皆互震。故曰興。震爲龍。下見巽。故曰應龍。應龍郎飛龍也。坤順巽行。巽爲喬木長生也。此方利隱迹襲虛盖同魁格也。他事不宜者。反吟星也。

僞言詿誤。扇謡欲傷。縱如虎狼。莫我敢當。

右己統天芮直符臨離。土受火生。又明夷變泰。變卦下乾爲言。上見互兌。而正卦見互坎。故曰僞言註誤。互震綜艮爲虎。然今無艮象。故曰縱如虎狼。其中雖互見坎兌。然我既受生。故曰終莫能害也。故其象如此。此方利上章獻策雪冤理枉。

將兵利客。不利安塟。

都會之區。無物不俱。抱布貿絲。所求比遂。

右己統天衝直符臨坎。木受水生。變卦下坤。有都會之象。正卦互坎與離。而上見震。變卦又互艮。故曰無物不具。坤爲布帛。抱者。變卦五陰抱一陽也。故其象如此。此方利遠行商賈。

營建上官。謀爲干貴。若杜門加臨。利於安塟。

日行月過。各不相值。夫婦反月。火焚其室。

右己統天冲直符臨坤木徃剋土。又爲擊刑之格。變卦互坎互離而上見震。故曰日行月趨。下互艮室之象也。正卦大象爲坎。變卦則中互離。焚之象也。夫婦者。亦指坎離也。離爲目二坎挾離。故有反目之象。此方不利入室營建覓友干貴上官嫁娶。惟將兵利掩襲敵虛。餘俱不宜。

火猛在後。寇多在右。伏而不動。雖危不慮。

右己統天冲直符臨震。二木雖比。然反吟之格。不可不慎也。二卦無離。故曰火在後。正卦互坎。變互亦坎。故曰寇多在右。伏而不動者。指伏吟也。甲戌時不爲伏吟。即鬪寇來亦不碍。若六己時則殆矣。死驚門不加臨。猶利於禦。若加臨。止宜弋獵。餘俱不宜。

旣高且堅如山之室。十子共居。古公建邑。

右己統天沖直符臨巽。二木旣並。中互爲乾。下變爲艮。中互成巽。乾剛巽高。堅高之象也。乾六巽四。十子之象也。乾邑艮室。故其象如此。此方利建造城郭宮室。入宅上官嫁娶。不利安塟。

陳魚觀射。挐兵拒阻。火然林中。竟爲所虜。

右己統天衝直符臨乾。木往被尅。下乾變離。則互爲巽。離目巽魚。乾在西北。離爲戈兵。挐兵之象也。此方不利有爲

延頸望酒。不入我口。中心怏怏。微利無有。

右己統天衝直符臨兌木既受尅於金又爲反吟之格兌變爲震中互不有兌故象爲望酒不入口也此方不利有爲

飛鳥折翅雖傷不死前有雀苻下可少止

右己統天冲直符臨艮木往尅土正卦小過有飛鳥之象下艮變巽中互則見乾兌故曰折翅衝乃傷門之星故曰傷二卦無坤坎故曰不死雀苻指二卦上震可止指正卦下艮也

此方不利舉動惟將兵利客

刲羊不當血火無羨女執空筐莫獲桑根

右己統天冲直符臨離木往生火自洩其氣下忽變乾反來尅木互兌與乾刲羊之象離變乾中無坎血火之象互巽爲

桑離中虛。空筐之象。變卦下互皆乾。而根亦少矣。故其象如此。此方不利求財謀為。

子畏於匡。困於陳蔡。聖懷未泯。欣免阨害。

右己統天輔直符臨坎。木受水生。正卦下坎變坤。有脫羣陰之象。二陽居上。四陰從之。有群賢從聖之象。正卦互震而下坎。欲動而坎險即至。變卦下坤。互艮為止。既止而柔順。無坎險象矣。故曰欣免阨害也。此方利謀為。謁貴。排難解紛。不利營建造葬。

褰裳涉津。水瀰足陷。道塞途窮。遊子實患。

右己統天輔直符臨坤。木往尅土。又為擊刑之格。上巽下坤。

中互艮坤坤爲裳巽爲進退不果下變而爲坎中互震艮震爲足艮爲止故爲褰裳涉津陷足之象正卦坤爲道途變坎而一陽中阻之有途窮道塞之象途道不通故遊子爲病也此方不利出行上官惟利造葬

出戸獲雞不逢禍非入門自苦日對姤妻

右已統天輔直符臨震二木雖比然下震變兌反來傷木上巽下震中互艮坤震足坤順艮戸巽雞有出門得雞之象變卦上巽下兌中互艮震若不出門坤順而變爲折毀故曰姤妻大象離故曰日對此方利出行商賈安葬不利上官婚姻爭雉失羊利得不長靜雖招毀動亦險陷

右己統天輔直符臨巽二木雖比然伏吟之格未爲吉也正卦上下皆巽中互離兌離雉兌爭兌又爲羊變互爲坎不成兌象故曰爭雉失羊靜雖招毀者正卦互兌也動見險陷者變卦互坎也故其象占如此此方不利舉動謀爲

旱魃爲虐風吹雲却實穗不生但見槁落

右己統天輔直符臨乾木受尅於金且爲反吟之格正卦變卦共見三離離爲日一坎爲鬼爲雲二巽爲風故曰旱魃爲虐風吹雲却也此方不利謀爲禱雨開墾種植上官嫁娶

二雞啄粟入雖從食著鷹一擊二子頓

右己統天輔直符臨兌木受金尅正卦變卦上皆巽巽爲雞

有二巽故曰二雞。互艮爲啄。互震爲粟。下兌爲毀折。兌二數。故曰二子。變卦互坤爲衆。有衆雞之象。坤八故曰八雞。此方不利舉動治病謀爲嫁娶。

顛躓未起。失利後市。進退徘徊。莫得鹿子。

右己統天輔直符臨艮。木往尅土。正卦上巽。綜看爲兌。下艮綜看成震。故曰顛躓未起。巽爲利市。今中互既坎陷矣。變互爲毀折矣。則巽各分其爻而不成巽。故有後市之象。正變二卦上互爲離。有鹿象。不得者。亦後市之謂也。此方不利出行謀爲上官嫁娶治病栽種。

杲杲白月。爲月所食。損上毀下。長舌爲災。

右己統天輔直符臨離。木往生火。自洩其氣。上巽下離。中互離坎。二離爲杲。杲中藏一、坎。各分離之中。交有食日之象。且變互兌象。兌爲口實也。又爲毀折。上損下毀者。郎自分離中爻之謂也、巽爲長。兌爲舌。坎爲憂。故曰長舌爲災也。此方不利嫁娶。上官應舉謁貴。利靜不利動。

數窮廓落困處歷山。欣登玉堂聆帝之言。

右己統天心直符臨坎。金往生水。下變爲坤。復來生金。又坎險而化爲坤順。坤爲卦數之終。故曰數窮。正卦坎陷則爲困。變卦互艮則爲山。乾爲君。爲言。坎爲耳。乾爲玉。艮爲門闕。故曰玉堂也。此方利謁貴上官出行嫁娶移徙。

秦爲虎狼。與晋爭强。陷其國邑。尊稱始皇。

右己統天心直符臨。坤金受土生。下變爲坎。又受金生。乾在西北。秦之象。下坤變坎。則互爲離。以火加地爲晋。坤爲國邑。坤柔而變坎。坎爲陰險。一陽分中。故曰陷其國邑也。乾爲皇。又爲卦始。故曰始皇。但己儀直符爲擊刑。將兵利客。此方利漁獵修建營壘。他俱未宜也。

東家中女。形似媒母。火發於門。復折其手。

右己統天心直符臨震。金往尅木。正卦下震互艮。東家之象。變卦互離。中女之象。離爲大腹。互巽爲廣顙。爲寡髮。白眼。有媒母之象。變卦下兌爲毀折。正卦互艮有門象。又爲手。變互離為火象。故曰火起於門。復折其手也。此方不利嫁娶上官修造營建宮室。移徙出門。惟利於索逋漁獵。

我來自東首如飛蓬倚床反側非病非凶

右己統天心直符臨巽。金徃剋木。且是反吟。乾為首。巽為風為髮。有首如飛蓬之象。變艮為床。又無坎男象。故曰倚床非病。以反吟。故曰反側也。此方不利入宅上官出行婚姻治病弋獵也。

三鰥爭妻相逐奔馳。終日不食。精神勞疲。

右己統天心直符臨乾。二金雖比。但是伏吟。正變二卦。三乾一離。有三鰥爭妻之象。蓋因下乾變離。火剋乾金。故言爭也。

離爲日在下卦之二爻。故曰終日。互巽綜兌有不食之象。乾
行健行不止。故曰勞疲。又以無坎。故曰神疲。此方不利舉動
謀爲嫁娶上官。惟利弋獵。

上山求魚。手足勞疲。終日不食。目捐曰愚。

右己統天心直符臨兌。二金雖比。但上乾下兌。互爲巽。下卦
變震。互爲艮。有上山求魚之象。艮手震足。離日而當下卦之
三爻。故曰終日。兌變震不食之象。離目艮指。離爲明。變而互
巽。巽爲進退不果。故曰愚。此方不利謀爲求財商賈出行。凡
事俱不利。

春夏之變。陽倡於外。左手秉籥。公言錫爵。

右己統天心直符臨艮。金受土生。二吉同會。正卦下艮爲春。變卦下巽爲夏。外陽內陰。天倡地和也。乾公象巽。籥象巽雀。即爵象乾。爲金錫。象觀此則此方利入宅上官移徙婚姻牧養栽種。百事皆吉。若杜門加臨。則又利安塟。

一股六首。隻目無口。鰥處無妻。利舉我走。

右己統天心直符臨離。金受火尅。正變與互卦俱六乾。故曰六首。一離故曰隻目。一巽陰位。復變爲純陽。故曰鰥。巽爲利。巽變故曰利舉此方不利有爲。

披髮狽心。難與共鄰。去來悠悠。飄風絕絃。

右己統天柱直符臨坎。雖金往生水。然亦洩其氣。且上兌下

坎是口舌毀折又險陷者也。坎變坤斷絃之象。正變皆互巽
飄風之象也。艮爲犬虎狼之象也。此方不利謁貴嫁娶取友
商賈各事俱不利。
九里十山道路峻難。所往失利。牛馬不前。
右己統天柱直符臨坤。金雖受生於土。蓋己儀擊刑之格。正
卦下坤十數。中互艮爲山。互離九數。故曰九里十山。下卦坎
爲險。故曰峻。坤爲道路。爲牛。坎爲馬。互艮爲止。故曰不前。此
方不利出行上官婚姻。惟利捕盜。
彼此異同各欲西東。事無終始莫適所從。
右己統天柱直符臨震。金往尅木。又爲反吟。震東兌西。變爲

純兌互相毀折故其象如此此方不利謀爲見貴上官婚姻
取友諸事皆不吉
羨我大魚牽引不前冀得大利反失金錢
右已統天柱直符臨巽金徃尅木下巽變艮巽魚艮止巽繩
爲牽乾大兌折故其象如此此方不利謀爲見貴婚姻應舉
諸事不宜
巍堯扶禹松喬彭祖仁德所居金玉爲室
右已統天柱直符臨乾二金相比下乾變離其位當也互巽
與乾故其象如此此方利謁貴治病出行移徙入宅婚姻若
死門加之利安楚

秋蛇伏穴不失其節○抱鷄搏虎○難能當者○
右己統天柱直符臨兌○二金比和○下變震木○不勝乎金○震爲
蛇○互艮爲門○有伏穴之象○變卦互艮爲虎○正卦互巽爲鷄○兌
爲毀折爭鬭之象○但此格逢六己時○爲伏吟○利靜不利動○
千仞之崗○以石爲門○金鍵鐵關○利於避兵○
○右己統天柱直符臨艮○金受土生○艮爲山○爲門○爲闕○乾兌爲
金爲鐵○正變二卦皆無離○變卦大象坎○坎爲隱伏○故曰避兵○
此方利修治城郭宮室○上官移徙入宅○不利見貴婚姻○若杜
門加臨○利於安塟○
喪偶鰥居○思求隣女○老陽火陰○不利於子○

右己統天柱直符臨離。金受火尅。下復變而爲乾。一陰止於五陽之上。鰥之象也。此方不利婚姻上官入宅。諸事俱不利。

畫龍頭頸。文章不成。陰盛陽微。動作虛名。

右己統天任直符臨坎。土往尅水。坎復變坤。互皆坤象。則水之涸可知。而又無離火文明之象。故其占如此。此方不利應舉謁貴上官嫁娶。惟利安葬修治宮室築隄造梁。

衆人逐虎。不聽神語。足陷於泥。前遇虎伏。

右己統天任直符臨坤。二土雖比。然反吟擊刑之格。未爲吉也。坤象變坎互震。逐虎之象。坎陷艮虎。故其占如此。此方不宜舉動。

春生秋殺。順時休息。行止慎初。出門由義。

右己統天任直符臨震。木來尅土矣。而復變兌以洩土氣。然春震秋兌。亦順時生殺之機耳。震足艮門。所謂出門由義。必愼其初也。此方不利出行上官嫁娶移徙。

廣廈將傾。非一木支。進退徘徊。伏止爲宜。

右己統天任直符臨巽。土受木尅。下變爲艮。中互坎。正卦互兌。兌折坎陷。傾頹之象。此方不利修造城郭宮室出行上官。諸事利靜。不利動。

天上樓台。不逢禍災。碩德在門。喜慶自來。

右己統天任直符臨乾。土往生金。下復變火而生土。上艮互震樓台之象。此方利營建上官移徙出門婚姻商賈。若死門加之。又利安塟。

國邑大都。重門大途。且無險陷。可以安居。

右己統天任直符臨兌。土徙生金。變頤互坤。上艮下震。動止順適。有大都之象。無坎象。故曰無有險陷也。此方利移徙營建上官商賈。不利安塟。

兩虎争豕。一雌折股。伏弩中之。利入我門。

右己統天任直符臨艮。甲戌時不爲伏吟。六己時則爲伏吟也。互坎爲豕。上下二艮。兩虎之象。變巽爲股。互兌爲折。坎弓巽入。有弩之象也。坎中滿得中之象也。巽爲利市。爲入。艮爲門戶。故曰利入我門也。此方利坐賈。不利行商。將兵利主。不利上章。婚嫁上官諸事。

旣險且毀。舉事不遂。獨有乾肉。可以療饑。

右己統天任直符臨離。土離變火生。然正卦中互坎。變互兌有險毀之象。離下坎中。乾肉之象。此方利商賈。不利他事。

對火燒山。水滅其烟。身弱力疲。火起於門。

右己統天英直符臨坎。火變水尅。又爲反吟。下復變坤而洩火氣。其體弱矣。故其象如此。此方不利出行上官。諸事皆不吉。

明刑暗賊。亏傷我月。家伏厲鬼。不可居止。

右己統天英直符臨坤火雖生土下卦忽變坎水而來尅火況是擊刑之格互艮爲止爲門坤爲衆有家之象坤變坎來尅火屬鬼之象坎兮離目故其象如此此方不利出行移徙上官嫁娶諸事不宜

援琊熾酒使媒求婦和合兩氏公嫗悅喜

右己統天英直符臨震火受木生下卦變兌則中互水火既濟中男中女相合於門震兆坎酒兌悅離火故其象如此此方利婚姻上官移徙入宅百事皆吉

來登玉床薦食行觴中門之內福獲無疆

右己統天英直符臨巽火受木生下卦變艮又受火生巽入

故曰來艮爲手綜震爲足故曰登互乾爲玉變艮爲床互兌
爲口食綜震爲行艮在下故曰中門也此方利婚姻上官移
徙入宅諸事皆吉

牝儀文身君子以寧高爵行觴喜樂只且

右己統天英直符臨乾火離往兌金下復變離與我比合火
乃強矣離爲牝牛又爲文章乾爲大人中爻變而當位所以
爲君子巽爲高爲雀故曰高爵兌爲口食爲悅只字上口且
字目象以離兌言之也此方可燕會弋獵折獄上書不利上
官商賈婚姻營建

出戸前險悅後生憂居處不安盜伺於門

右己統天英旨符臨兌○火往尅金○下變震來生火○火益旺而金愈衰○互艮與坎震○足艮戶兌悅○坎憂故其象如此○此方不利出行上官入宅移徙營建婚姻惟利於追捕弋獵

西伯獠獵○呂望獲福○尊爲尙父○封榮齊國○

右己統天英直符臨艮○火往生土○下復變巽○木來生火○艮犬離網○互巽爲入○有獵之象○變卦互乾○西北之象○正卦上互兌變卦上亦互兌○有兩口○故曰呂○正變二卦皆上離○離爲目○故曰望○乾爲父○巽爲高○故曰尙父○巽爲東南○萬物潔齊○故曰齊乾爲國○故曰齊國○此方利上官移徙營建謁貴百事吉

羔羊之革○君子所服○東璧玉圭○以朝萬國○

右己統天英直符臨離。二火相比。甲戌時不爲伏吟。下卦變乾。爲乾還本位。六己時方爲伏吟也。羊指兌。草指離。君子璧圭。萬國。皆指乾朝。亦指離。此方利謁貴上官。惟不利出行。

甲申庚儀

有鳥折足。集於水濱。呼我相從。可以避兵。

右庚統天蓬直符臨坎。二水相比。甲申時不爲伏吟。六庚時乃爲伏吟也。正互震。變互兌。折足之象。正坎變巽。有鳥之象。正互艮止。變互離兵。故其占如此。此方利潛藏。祭祀不利上官營建。

耕石山巔。力罷家貧。獨餘敗裩。賊復伺門。

右庚統天蓬直符臨坤。水被土剋。下復變艮來剋水。下艮上坎。有耕石山嶺之象。坎盜艮門。正卦坤爲裳下體之服。故曰視。變互離。故曰敗。此方不利。謀爲諸事凶。

隆棟堅梁。文章龍光。夫婦和樂。一陰一陽。

右庚統天蓬直符臨震。水往生木。變爲既濟。陰變陽。位甚當也。三爻變陽。隆棟之象。互離爲文章。此方利營建上官婚姻入宅。若杜門加臨。又利安塟。

炙魚銅斗。張伺夜鼠。味臭自動。機發爲祟。

右庚統天蓬直符臨巽。水往生木。下變坎。而與我比。正卦下巽爲魚。上互離爲火。炙魚之象。中互兌爲銅斗之象。變卦上

坎爲夜。互艮爲鼠。下互震爲機動之象。坎爲鬼。故曰祟。正卦
巽爲臭。互兌爲味。變而互震。故曰動也。此方利捕獵追亡。燕
會。不利上官嫁娶移徙入宅治病安塟。

食指忽動。肉不到口。初喜後否。利總無有。

右庚統天蓬直符臨乾。離水受金生。然擊刑之格。下復變兌。
中互震艮。上坎無巽象。故其占如此。此方不利謀爲燕會上
官移徙。

山輝川媚。水湧石沒。下和識珍。利於攻玉。

右庚統天蓬直符臨兌。水受金生。兌復變乾。水更益也。正卦
互艮。而變卦互離。山輝之象。正變二卦上俱坎。故曰水媚。正

卦坎居互艮之上。故曰水湧石沒。下和識珍者。指離也。利於攻玉指互兌與下乾也。此方利商賈謁貴取友嫁娶入宅移徙諸事吉。惟不利安葬追捕。

作室山根。衆以爲安。一朝傾頹。敗我壺飧。

右庚統天蓬直符臨艮。水被土尅。艮復變坤。助艮尅我。又爲擊刑之格。坤爲室。爲衆。互艮爲山。正卦離爲日。上坎爲陷。故其象如此。此方不利營建上官移徙入宅。諸事不吉。惟利捕盜。

火起於廡。盜臨我門。蒼龍噴水。衆人俱興。

右庚統天蓬直符臨離。水往尅火。又爲反吟之格。正卦下互

○坎上互離○下卦亦離○有焚燕之象○變震爲蒼龍○而噴上卦之水○又坎爲盜而互艮○有臨門之象○坤衆震動○衆興之象也此方不利營建上官○諸事不宜○更不利足折耳聾○與言不通○衆相唁慰○事莫成功○

右庚統天芮直符臨坎○土往尅水○坎復變巽來尅我○況坎爲耳○變巽爲入○互兌有耳聾之象○正卦互震爲足○變卦兌○有折足之象○坤衆兌口○唁慰之象也○此方不利舉動○萑苻竊發○伏我中國○隱憂急備○可獲醜戎○

右庚統天芮直符臨坤○二土雖比○乃爲伏吟之格○變卦中互坎震○震葦○坎盜○故以萑苻象之○坤爲國○爲衆○故其象如此○此

方不利舉動。惟利捕盜。將兵利主。

求鵠獲雉。買馬失牛。雖然均貨。利得無餘。

右庚統天芮。直符臨震土。受尅於木。下復變離。無巽象。故其象如此。此方不利商賈上官。惟利婚姻。將兵利主。

鴐在會稽。稍巨能飛。勾動折翼。抱雄守雌。

右庚統天芮直符臨巽土。受尅於木。正卦下巽有鳥象。變而為坎。一陽居二陰之中。有飛象。陽變陰而為守雌也。此方不利上官謁貴。惟利坐賈牧養。將兵利主。

敗衣蒙頭。不見日月。欲生不能。乃就長夜。

右庚統天芮直符臨乾土。雖徃生金。然擊刑之格。兌敗乾衣。

又乾爲首故其象如此此方不利謁貴上官惟利安塟

伍員奔吳盡忠闔閭鞭平入郢威鎭於楚

右庚統天芮直符臨兌土生金正卦下兌綜巽爲先天五數兌爲口故郢吳字皆象之坤爲闔互震綜艮爲門故曰閭楚大國也故坤象之此方利行間上官商賈移徙不利追捕嫁娶

手足未利賴爾醫治賊患旣除得以休息

右庚統天芮直符臨艮二土雖比然反吟擊刑之格正卦下艮又互爲坎震故曰手足未利也坎爲盜賊今變坤是無賊矣艮止故曰休息也此方不利有爲惟利禦盜

求馬城南。利去城北。賴有衆鼓。不爲我賊。
右庚疏天芮直符臨離。土受火生。下卦離互震。變震互坤。故其象占如此。此方利追亡商賈出行納降。

鵲巢高木。心樂意足。張口啄粟。君子獲福。
右庚統天衝直符臨坎。木受生於水。下變巽木爲比。上震下巽。鵲巢高木之象。正卦互坎。變互兌。心樂也。互兌而上震。張口啄粟也。君子指乾也。故其象如此。此方利營建上官諸事吉。惟不利安塟。

李花争白。上動下入。縱有匪人。不以爲害。
右庚統天沖直符臨坤。木往尅土。變艮互巽。有李花白之象。

互兌綜巽。故曰爭匪人指互坎也。此方利於捕亡。餘皆不宜
行。自門右荷簣處貧。遁世隱居。難以利存
右庚統天冲直符臨震。二木雖比。然伏吟之格。不可不慎。甲
申時不爲伏吟。六庚時爲伏吟時也。正卦上震爲足。有行之
象。互艮爲門。爲手。有荷象。震爲萑。簣坎爲隱也。互巽又互兌。
難以利存也。此方利結茀。不利商賈上官諸事。
五勝相賊。火遇水息。木受其生。開華結實。
右庚統天冲直符臨巽。二木相比。下變爲坎。復來生我。但巽
變坎。坎爲盜賊。巽在先天序爲五。變坎互離。水火相尅。故曰
五勝。然木既生火。又爲水尅。故能開華結實也。此方利商

賈納財嫁娶移徙。不利遠行上官。

求羊失馬避吉遇寇。鵰鴞夜鳴。使我心憂。

。右庚統天衝直符臨乾。木受制於金。下乾又變爲兌。木愈傷矣。況又是擊刑之格。乾馬而變兌羊。正互兌而變互坎。故以失馬遇寇象之。乾爲大。爲首。變互離爲月。上互坎而制離。有鵰鴞夜鳴之象。坎爲心病。爲加憂。故曰心憂。此方不利商賈出行上官嫁娶。

避寇遇患。折我資斧。伏則不寧。動則有咎。

右庚統天冲直符臨兌。木受制於金。下卦又變爲乾。木益傷矣又爲反吟之格。正卦互坎。變卦互兌。避寇遇患之象。正互

為離變互為乾而上見互兌折資斧之象也此方不利商賈
上官出行嫁娶
行旅不利有所畏避酒酸魚餒衆莫貪嗜
右庚統天冲直符臨艮木往尅土又為擊刑之格正卦上震
為足變卦互坎為陷故曰行旅不利坎為酒下互為艮為土
所尅有酸象正互巽為魚變互為艮木往尅土餒之象也變
卦下坤有衆象正卦互兌有口象故曰莫貪嗜也此方不利
出行商賈燕會上官諸事不吉
秫糯行賣徑塞山阻與寇貿易利復數倍
右庚統天衝直符臨離木往生火雖洩其氣然下卦離忽變

爲震。反與我比和震。爲木重震而從豐變來者。爲秫糯之象也。互艮爲山從。互坎爲寇正卦互巽爲利市三倍。此方利出行商賈上官謁貴。不利嫁娶。

美貌少子。求我長女。鄙薄不許。不售乃悔。

右庚衝天輔直符臨坎。木受水生。下卦變巽。與我比和。上互艮。變卦互離。少子美貌之象。變巽爲長女。又爲進退不果。不許之象。變卦上下與互無陽卦。不售之象。此方利婚姻上官移徙商賈。不利求財。利於借貸。

巨腹之魚。逆流觸石。蘀蒿作柱大廈傾圯。

右庚衝天輔直符臨坤。木性剋土。下卦變艮。土強而木孤矣。

巽爲魚。互離爲大腹。互坎爲逆流。下艮爲蠋石。艮綜震爲蓬蒿。互坎爲陷。正卦下坤爲大室。此方不利營建上官出行嫁娶。惟利捕獵。

麒麟鳳凰。善政致祥。道無拾遺。衆賴以安。

右庚統天輔直符臨震。二木既比。下卦變離而受木生。巽爲飛鳥。震爲走獸。正卦無坎象。有離象。善政象之。互坤爲衆。互艮變互爲離。有目見手不拾之象。盈坤亦十數也。變卦互一坎於兩離之中。離明則折獄。盖指坎爲桎梏也。此方利商賈謁貴上官上章移徙婚姻。

日中雷雨。途行泥潦。商賈休止。市無所有。

右庚統天輔直符臨巽。二木雖比。然六庚時爲伏吟也。正卦互離在四爻。故曰日中。變卦互震而下坎。雷雨涅潦之象。上巽爲市而臨互艮。有休止罷市之象。此方不利出行商賈上官移徙。惟利祈禱祭祀。

赤日天中。魃爲灾虐。豚魚跳波。日入風惡。

右庚統天輔直符臨乾。木受金尅。又爲反吟擊刑之格。下復變兌而制木。凶莫甚矣。正卦互離在乾之上。而大象亦爲離。故曰赤日天中。變卦上巽下兌。有豚魚跳波之象。跳者蓋指互震也。巽爲入。大象亦離。故曰日入也。巽在兌上。故曰風惡。此方不利有爲。

大魚爭澤戰於龍門。毀鱗折鬐。三年不安。

右庚統天輔直符臨兌。木受制於金。下復變乾。金盛而木衰矣。乾爲大。巽爲魚。正卦下兌。變卦互兌有爭澤之象。正卦互艮震龍門之象。兌爲毀折。互離互震皆三數。故曰三年。此方不利上官移徙。諸事不宜。

異域路絕。野鼠修尾。虎伏山邊。莫能處止。

右庚統天輔直符臨艮。木既剋土。又爲擊刑之格。艮又變坤。異域絕路之象。艮爲虎鼠。故其象如此。此方不利出行上官移徙入宅。

寇去我門。日出道平。無往不利。春夏乃亨。

右庚統天輔直符臨離木往生火下復變震與我比和正互坎變互爲坤有寇去我門之象變卦大象爲離故曰日出震爲大途而中互坤故曰道平正變上下四卦皆春夏之卦故其象如此此方利出行商賈入宅上官

入河取魚網得大鯉縱然獲利亦無大喜

右庚統天心直符臨坎金往生水自洩其氣幸坎變巽無災陷而有利也然正變二卦皆無兌象故曰亦無大喜也此方利求財商賈移徙上官大梁中吉

市得巨魚利入我門金玉盈囊福祿老人

右庚統天心直符臨坤金得土生下復變艮是復生金互巽

爲魚。爲利。爲入艮。爲門。乾爲老人。爲金。爲玉。坤爲囊。爲盈。故
其象如此。此方利營建商賈上官移徙。
東去遇兵。山行觸罟。縱有金。玉手不能取。
右庚統天心直符臨震。金往尅木。下復變火。而來尅我。震爲
東方之卦。故曰東去。變離爲甲冑。故曰遇兵。正互艮。變離互
巽。故曰觸罟。乾爲金玉。變卦無艮象。故曰不能取。此方不利
出行上官商賈謀爲。
鷄鳴失時。匪人暗伺。林內火明。不能止息。
右庚統天心直符臨巽。金往尅木。正卦下巽爲鷄。上乾爲天。
無離象。故曰失時。變坎爲隱伏。爲夜。故曰匪人夜伺。變互巽

爲林。下互離有火明林中之象。二卦皆無艮象故曰不能止息也。此方不利出行移徙上官治病。

空拳隻臂。詎能應敵。伏戎可虞。戈兵自賊。

右輿統天心直符臨乾。二金雖比。然伏吟擊刑之格。變互巽爲股。互離中虛。有空拳隻臂之象。離爲戈兵。伏吟是爲伏戎也。大象離。錯大象坎。坎爲賊是本卦錯之。故曰自賊。此方不利有爲。

西入大都。迴彼天王。相與悅言。金玉是將。

右輿統天心直符臨兌。二金雖比。下又變乾吉莫盛矣。兌西方之卦。互巽爲入。故其象如此。此方利出行商賈上官謁貴。

諸事皆吉。

山高無泉、野無青草。牛馬失群。不得腹飽。

右庚統天心直符臨艮金。離受生於土。然爲擊刑之格。不爲吉也。止變二卦。有艮而無坎。故曰山高無泉。有坤而無震。故曰野無青草。乾馬坤牛。乾大坤衆。腹指坤也。故其占如此。此方不利種植。商賈出行。牧養。諸事不吉。

大車上山。繩引不前。馬逸山後。遇虎林邊。

右庚統天心直符臨離。金受制於火。變卦下震爲大輿。互艮爲山。互巽爲繩。艮止爲不前。乾馬在艮上。故曰馬逸山後。巽爲高。爲木。故曰林。艮又爲虎也。此方不利出行。商賈上官婚姍諸事不宜。

養雞得雞。養馬生駒。盜賊不起。利我王都。

右庚窺天柱直符臨坎。金生水。乃爲洩氣。坎忽變巽而爲金之財。坎既變則無盜賊之象矣。故其象占如此。此方利商賈出行牧養上官。諸事吉。

喬木根多。上與山平。大君繩法。福我下民。

右庚窺天柱直符臨坤。金受生於土。坤復變艮以生金。金愈旺矣。互巽下艮有喬木深根高與山齊之象。互乾爲大君。巽爲繩。故其象占如此。此方利種植上官謁貴商賈。諸事吉。

賣狗得金。雖富可醜。妻妾分錢。毀髻碎首。

右庚統天柱直符臨震。金伐剋木。木復變離而剋我。又爲反吟之格。正卦互艮。變互乾。有責狗得金之象互巽爲長女。象妻。上兌爲少女。象妾。乾爲錢。在長女少女之間。兌爲毀折口舌。故曰分錢毀訾碎首也。故其象占如此。此方不利商賈婚姻上官移徙。

大盜弄兵。伏彼林澤。竊我金玉。驚我老少。

右庚統天柱直符臨巽。金伐剋木。正卦大象爲坎。變卦下亦爲坎。上兌互巽。與離。有大盜弄兵林澤之象。正卦上下互乾。變卦皆無乾象。故曰竊我金玉。乾爲老人。兌爲少女。故其象如此。此方不利商賈出行上官治病。

駑劣老馬。仰口求食。澤無水草。惟見風日。

右庚統天柱直符臨乾。二金雖比。然擊刑之格。不爲吉也。正卦互乾。又下乾。老馬之象。變兌有仰口求食之象。互離無震坎象。故曰無水草。互離爲目。故曰見。互巽爲風。互離爲日。故其象占如此。此方不利商賈牧養求財謀望。

年大喪偶。思配織女。言辭妄誕。致令鰥處。

右庚統天柱直符臨兌。二金雖比。然伏吟之格。未爲吉也。變卦上兌而下乾。中互皆乾。有老人無偶之象。乾爲言。而上見兌。有妄誕之象。此方不利婚姻。上官諸事不宜。

劈山爲田。種粟不食。空費金錢。罷牛馬力。

右與統天柱直符臨艮金雖受生於土然擊刑之格不爲吉也○艮山變爲坤○又乾馬坤牛○乾爲金錢○罷指兌爲毀折故其象如此○此方不利種植開墾商賈謀爲○

野麋善走○入彼谷口○爲虎所得○風過木仆○

右與統天柱直符臨離○金受火尅○離爲麋鹿○變震爲善走○艮爲山○兌爲口○有谷口之象○艮爲虎○巽爲風○爲木○故其象占如此○此此方不利有爲○

射狐東山○逐寇西巖○行行城北○水止馬前○

右與統天任直符臨坎○土往尅水○下卦忽變爲木○反來尅我○坎爲兮○變巽爲入○坎爲狐○爲寇○互震爲東○艮爲山○互兌爲西○

正變皆互震。故曰行行。正卦互坤爲城。又爲先天正北。坎亦後天正北。故曰城北。互震爲馬。下坎爲水。艮爲止。盃水遇土。則止而不流。此方不利有爲。惟利捕盜。

衆犬夜驚。反復不。 大車載鬼。方床輿屍。

右庚統天任直符臨坤。二土雖比。然伏吟之格。未可爲吉。剝卦變艮。艮爲犬。正卦互坤爲衆。變互坎。坎爲加憂。故曰驚。坎爲夜。爲鬼。爲輪。坤爲大輿。爲方。艮爲床。床屍者亦指坎也。此方不利有爲。

羣虎過邑。暮竊我豕。賴有戈兵。去而不止。

右庚統天任直符臨震。土受制於木。正卦互坤爲衆。爲邑。變

互震爲足。故曰過。互坎爲豕。爲竊。下離爲戈兵。上艮爲止。去
指震足也。此方不利出行上官婚姻商賈。惟利於禦盜。弋獵。
諸事不宜。

家在海濱。常氷不溫。火婦墮胎。山鬼爲灾。

右庚統天任直符臨巽。土受制於木。下復變坎。受我土尅。不
寧甚矣。變卦上艮互坤。家室之象。下坎爲水。互震爲萑葦。有
海濱之象。二卦皆無離。故曰常氷不溫。正卦互兌。故曰火婦。
變卦互坤爲子母。互震爲動。下坎承之。故曰墮胎。上艮下坎。
故曰山鬼。坎爲加憂。故曰爲灾。此方不利婚姻移徙入宅治
病。諸事不吉。

夫婦反目。毀言碎首。手足未利。爲室家咎。

右庚統天任直符臨乾。土往生金。然擊刑之格。未可爲吉也。變卦上艮爲少男。下兌爲少女。有夫婦之象。自二至六離互離象。然實非離。故曰反目。兌爲毀折。乾爲言。爲首。乾變兌。故曰毀言碎首。上艮爲手。互震爲足。上艮爲門。互坤爲室。故其象占如此。此方不利有爲。

都會之區。衆寶所集。商賈是宜。利於家室。

右庚統天任直符臨兌。土往生金。下兌變乾爲金。玉爲都會。正卦互坤。亦爲國象。艮坤又爲家室。故其象占如此。此方利商賈謀爲謁貴上官婚婣移徙。

劈山拔茆。欲廣爲田。奈多沙石。無有所生。

右庚統天任直符臨艮。二木雖比。然伏吟擊刑之格。不爲吉也。正卦下艮互震。變坤則無震有劈山拔茅爲田之象。變卦大象艮爲多沙石之象。此方不利種植婚姻上官入宅。

青鱗龍身。目取千里。利我邦國。賢士聚止。

右庚統天任直符臨離。土受火生。下變爲震。青鱗之象。中互坤。坤廣而多。故曰千里。坤爲聚。爲邑。艮爲止。故其象占如此。

此方利上官謁貴商賈謀爲。

馬渴求飲。爲繩所繫。不有水漿。惟見赤日。

右庚統天英直符臨坎。火受水尅。又爲反吟之格。凶莫甚矣。

正卦下坎爲馬。互又見坎。有下首薄蹄之馬象。互見離有渴之象。變卦互兌故曰求飲。正卦下坎變巽。巽爲繩、中互乾。乾爲老馬。有繩繫之象。蓋變卦中無坎。故曰不有水際。上卦離。故曰惟見赤日也。此方不利諸事。

南走西馳。反北迷行。逐旅失群。亡我囊裝。

右庚統天英直符臨坤。火往生土。自洩其氣。變卦上離爲南。互兌爲西。正卦下坤。互坎爲北。坤爲迷。變卦爲旅。故曰逐旅。卦既變則無坤衆象矣。故曰失羣亡囊。囊者變而無坤也。此方不利商賈出行謁貴移徙。諸事不利。

止馬飲酒。鵲噪雉舞。春夏之變。授我龜紐。

右庚統天英直符臨震。火受生於木。下復變離。與我比和。正卦互艮爲止。震在下爲馬。足之馬。故曰止馬也。互坎爲有酒之象。變互爲兌。故曰飲。下互爲巽。與互兌聯。故曰鵲噪。正卦上離下震。故曰雉。雞下卦震又變離。故曰春夏之變。離爲龜。上下兩離有印象。故曰授我龜紐也。此方大利上官入宅。謁貴謀爲。婚姻。燕會。諸事吉。

以鷄易豕。利雖盈疊。祇恐日入。爲盜所竊。

右庚統天英直符臨巽。火雖受木生。然巽木忽變坎水而來制火。正卦上離下巽。有日入之象。變卦下坎。又互坎。故曰爲盜所竊也。此方凡事小利。即利中亦必不足也。不爲上吉。

寇盜弄兵。國邑不寧。靜則悔亡。動則往吝。

右輿綄天英直符臨乾。火往尅金。又爲擊刑之格。不吉甚矣。變卦互坎爲寇盜。正變卦上皆離。變又互離爲戈兵。故曰寇盜弄兵。正卦下乾爲國邑。不寧者指變卦下兌也。此方不利有爲。

狐狸雉兎。畏人遁去。頭觸網罟。虞人以利。

右輿綄天英直符臨兌。火往尅金。正卦上離爲雉。互坎爲狐狸。下兌爲兎。變卦下互皆乾。惟一離止於其上。故曰頭觸網罟也。此方不利有爲。惟利漁獵將兵利客。

鷦鷯窃脂。巢於倒葦。意欲暫止。爲風所吹。

右與統天英直符臨艮。火性生土。自洩其氣。又爲擊刑之格。正卦下互巽。上互兌爲火女鶺鴒小鳥。故以二卦象之。變卦互坎爲盜。故曰竊。坎爲肉。故曰脂。巢者。指變互坎而上離也。中互艮。艮綜震爲葦。以其綜震。故曰倒葦。艮爲止。意者指互坎也。坎爲心。故曰意。變卦上離下坤。如一巢在六股之上。似不安貌。正卦互巽爲風。故曰爲風所吹。此方不利營建移徙。上宜謀爲。惟將兵利客。

蒼龍止伏。鳳凰遠匿。鬼冠同居。未得安息。

右與統天英直符臨離。二火雖比。然伏吟之格。未爲吉也。變卦下震互艮。有蒼龍止伏之象。正卦上離互巽。爲朱鳳。變互

坎爲隱伏有匿象又爲鬼爲寇故其象如此此方不利上官
應舉

甲遁眞授秘集

書終

數部

甲遁眞授秘集

甲遁眞授秘集

數部目錄

目終

甲遁眞授秘集 數

青齊薛鳳祚儀甫氏叅著佳互坤。又象人有又爲西方

甲午辛儀

江海與波。山沒邱浮。燕鵲無巢。陸地爲魚。

右辛統天蓬直符臨坎。二水相比。甲午時不爲伏吟六辛時乃伏吟凶格也。正卦上下皆坎。變卦上澤下水。有江海與波之象。正卦互艮爲山。變卦互巽爲入。有山沒邱浮之象。巽爲鵲。互離爲巢。水承離故曰無巢。巽爲魚。在二爻之上。故曰陸地爲魚。此方不利移徙種植上官商賈營建。惟利於漁獵。

杜口結舌。心腹患生。避寇於途。遇禍於門。

右辛統天蓬直符臨坤。水受制於土。正卦上變爲兌。兌爲口。互艮爲止。互巽爲入。爲繩。有杜。口結舌之象。坎爲心。坤爲腹。坎爲寇。兌爲禍。故其象占如此。此方不利出行上官商賈上書。諸事不吉。若杜門加之。則利造葬。

海上雲披太乙乘螭。徵詔叔季升彼遠路。

右辛統天蓬直符臨震。水生木。正卦上坎。變卦上澤。皆水象。坎又爲雲。下乃震。有雲開之象。太乙西方之神。兌爲西方之卦。自坎變來。坎爲隱伏。坎中男。兌少女。有叔季之象。坎有言。象兌有口象。故曰徵詔。升指震足動也。遠路指正卦互坤變卦互艮也。此方利上官謁貴求仙婚嫁諸事吉。

羿基彀弓猿號鳥驚將官雄壯國賴以寧

右辛統天蓬值符臨巽。水往生木上又變兌而制木。正卦上坎爲弓變爲鏃。下巽爲入互離爲目。郎羿基善射之象。乾爲國四陽居中二陰外抱如臣衛君也。故其象如此。此方利出師選將大閱講武封拜上官謀望商賈諸事吉。惟不利安塟。

文明衣冠聖代孔昭。飛龍在天。福祿實遴。

右辛統天蓬值符臨乾。水受生於金上復變兌以與宮比吉莫盛焉。正卦互離而下乾。文明衣冠之象。變卦五陽上承一陰。無亢極之虞。有盛代孔昭之象。乾九五以飛龍象之。是格得其体也。故其占如此。此方宜上官謁貴諸事吉。

傅說巖隱助商御極縣譽四龍休明聖德

右辛統天蓬直符臨兌水受生於金坎復變兌以和其宮吉莫大矣變卦互巽巽天輔宮也故曰傅兌為說正卦互艮為巖上坎為隱故曰巖隱臨兌而變兌故曰助商故其象如此此方諸事皆吉

日月並居恒晴明微峻嶺高卑頹崩為溪

右辛統天蓬直符臨艮水被土尅正卦上坎互離為日月並居之象離在坎中故曰恒晴明微變卦下艮上兌有峻卑崩頹之象二卦俱兌坎水澤之象故曰成溪此方不利營建上官諸事不吉

目青日昏夜見鬼。形巫言顛倒。語甚怪驚。

右辛統天蓬直符臨離。水往尅火。又爲反吟擊刑之格。凶莫甚矣。正卦下離互離。上坎互坎。有月青之象。鬼指坎也。變卦上兌互巽。又綜兌。故曰巫言顛倒。怪指坎也。驚指兌也。此方不利治病上官。諸事不吉。

國亂不安。羣寇晝行。家舍屢空。不利主人。

右辛統天芮直符臨坎。土往尅水。正卦上坤互坤。有國之象。下承以坎。險不安之象也。變卦下坎互坎。羣寇之象。中互離。上加一震。故曰晝行也。正卦一陽在五陰之中。且居二爲不當位。如室家之空。室家既空。則主不利可知也。故其占如此。

此方不利有爲。
寇擄我財。盜我金帛。欲往逐之。足病不得。
右辛統天芮直符臨坤。二土雖比。但伏吟之格。未可爲吉也。
且變震木往尅其宮。變卦互坎與艮。有寇擄財之象。二卦無。
乾正卦互坤。變又互坎。有喪其金帛之象。欲往逐者指震也。
震卦分二爻互坎。故曰足病。且互艮也。此方不利移徙入宅
上官商賈
陰霧蒙塞。不見白日。途路未通。爲心賊害。
右辛統天芮直符臨震。土受制於木。又復變震以益其奸。變
卦互坎爲陰霧。正變二卦皆無離象。故曰不見白日。塗指正

卦。坤路捐變互艮也。心賊與害皆指坎象。此方不利有爲。

擊鼓行車。衣繡龍魚。雖有美服。非子之襦。

右辛統天芮直符臨巽。土受木尅。正卦互震。變卦上震。有考鼓之象。震爲足爲動。坤爲大輿。故曰行車。變互乾爲衣。震爲龍。巽爲魚。互兌爲妾媵。故曰非子之襦。此方不利有爲。

天樂載鳴。王母行車。賜我玄圭。封爲秦伯。

右辛統天芮直符臨乾。土性生金。雖洩其氣。然天地既合。是爲泰也。變卦上震有鼓象。又爲鳴。故曰天樂載鳴。正卦上坤下乾。有王母之象。乾在下。故曰賜我玄圭。秦西北之地指乾也。此方利上官商賈婚姻移徙。

神驥絲耳行食水草身有文章宜我邦國

右辛統天芮直符臨兌土生金正卦互震變卦上震互坎爲神震爲龍爲馬故曰神驥坎爲耳震爲足下兌爲食互坎爲水震爲萑葦有行食水草之象互離爲文章離居變卦之爻故曰身此方宜上官移徙諸事吉

布帛盈囊國致盜賊驚擾鷄犬王不得制

右辛統天芮直符臨艮二土雖比然反吟之格不爲吉也正卦坤爲布帛爲囊爲國互坎爲盜賊變卦互兌爲驚擾互巽爲鷄下艮爲狗二卦皆無乾象又值反吟故曰王不得制也此方不利上官商賈諸事不吉

內潰中傷。自致其殃。若繩絆足。是誰之咎。

右辛統天芮直符臨離。土雖受生於火。然擊刑之格。未爲吉也。變卦互兌。自正卦互坎變來。甲午直符。又爲自刑。故曰內潰中傷。自致其殃也。上震爲足。下復互巽承之。有繩足之象。此方不利出行商賈謁貴上官應舉上章諸事不吉。

土水既沃。萬物蕃滋。膏澤優渥。家室是宜。

右辛統天衝直符臨坎。木受生於水。正卦上震下坎。稼穡得生之象。變卦上坤下坎。土水既沃之象。坤爲衆。故曰萬。坎爲雨。故曰膏。家與室。並指坤也。此方利運植牧養上官皆吉。

龍馬登山。曠野絕泉。口不能鳴。既渴且乾。

右辛統天沖直符臨坤。木往尅土。正卦上震互艮。有龍馬登山之象。變卦純坤爲曠野。無坎象。故曰絕泉。無兌震象。故曰口不能鳴。既渴且乾。亦指坤也。此方不利上官出行商賈嫁娶牧養種植。諸事不吉。

朝露既晞。山雨且必。衆芳欲歇。田內惟草。

右辛統天沖直符臨震。二木雖比。然變坤反爲宮所尅。况伏吟之格。凶莫爲甚。正卦互坎。變卦互坤。有朝露山雨既晞且少之象。坤爲息芳。下震爲草。此方不利種植牧養。

鄒魯之邑。仁義所集。兵刃不至。輿、馬堪入。

右辛統天沖直符臨巽。二木比和。正卦上震。變卦上坤互震。

震乃東方之卦。鄒魯東方之邑。仁者象山。義者象路。蓋指正卦上震綜艮也。集指坤也。兵刃不到無離象也。坤爲輿。震爲馬。巽爲入也。此方宜上官移徙婚姻商賈諸事皆吉。

衆惡相集。驚毀爲殃。道路不通。難以啟行。

右辛統天沖直符臨乾。木受制於金。且變坤而往生之。以自洩其氣。變卦上坤爲衆。互兌爲惡。集指坤也。驚毀指兌也。正卦上震。變卦上坤。皆道路之象。不通者無坎象也。難以啟行者。震分二爻。互兌也。此方不利出行。上官百事不宜。

伯夷叔齊。不食周粟。採薇當飡。喪彼深谷。

右辛統天沖直符臨兌。木受制於金。又爲反吟之格。復變坤

而生兌自洩其氣。正卦上震互坎。有長男中男二子之象。下
兌爲西方之卦。即西伯之象。互離爲戈兵。象夷齊之諫周也。
變卦上坤下兌。兌爲口食。分二爻互震。有不食周粟之象。震
爲雀。葦兌爲毀折。有採薇之象。深谷者。指正卦互坎變互坤
也。此方不利有爲。

青犢耳聾。足復乏之力。不利畝畞。鼎俎薦食。

右辛統天冲直符臨艮木往剋土。正卦上震變坤。故曰青犢。
變卦互坎爲耳病。互震而坎承之。又自互兌變來。故曰足乏
力也。坤爲田。互震而下艮承之。乃几上鼎俎之象。薦進也。指
震。食指正卦兌象也。此方不利種植。上官出行。惟利燕會。

二目兩翼。爲國之賊。自相毀折。無有喜悅、

右辛統天衝直符臨離。木離往生火、然擊刑之格。不爲吉也。正變二卦下皆離。故曰二目。正卦上震。變卦互震。故曰兩翼。變卦上坤互坎。國賊之象。甲午直符臨離爲自刑。故曰自相毀折。正互兌。變互坎。故曰無喜悅。此方不利有爲。

江有寶珠。海有巨魚。亟行廣網。可以得財。

右辛統天輔直符臨坎。木受生於水。自復變乾而往生坎。相生之格。吉莫大焉。變卦上乾下坎。江有寶珠之象。正卦上巽下坎。海有巨魚之象。亟行者正卦互震也。廣網者變卦互離也。此方利商賈出行上官謀爲諸事吉。

青牛白頂。從事南畝。山田土瘠。無有所獲。
右辛統天輔直符臨。坤木往尅土。正卦上巽下坤。青牛白頂
之象。變卦上乾。乾先天正南。下坤為田。故曰南畝。陽上陰下
故曰從事。互艮為山。二卦皆無坎。故曰瘠土。無震故曰無有
所獲。此方不利有為。
長子既壯。乃加元服。婚婣琴瑟。入門生息。
右辛統天輔直符臨。震二木比和。正卦上巽下震。有長子既
壯之象。變卦上乾下震。有加元服之象。二木相比。故曰婚婣。
震為鳴。有琴瑟之象。變卦互巽為入。互艮為門。而艮又自互
坤變來。故曰生息。且艮為少男也。此方利婚婣冠帶上官種

植牧養商賈燕會出行諸事吉。

國寧福入。恃兵弗利。道塗未達。毁財相繼。

右辛統天輔直符臨巽。二木雖比。但變乾而往尅其宮。六辛時又爲伏吟。不可爲吉。若甲午時則爲國寧福入矣。變卦上乾互皆乾。有國之象。下巽爲入。乾爲諸卦之首。故曰福也。正卦互離。故曰恃兵弗利。盖云伏吟則是用正卦互離矣。道塗未達者。無震坎坤艮之象。毁財相繼者。互兌而承離也。此方值伏吟。不利出行商賈諸事。

望車不來。老馬思飲。絶無水泉。日入驚恐。

右辛統天輔直符臨乾。木受制於金。又爲反吟之格。凶莫大矣。正卦互離爲目錯坎爲輿。然不見坎象。故曰望車不來。乾爲老馬。無坎。則水泉絕。老馬渴也。正卦上巽爲入而離承之。故曰日入。下互兌爲驚恐。故其象占如此。此方不利出行上官嫁娶商賈移徙安葬皆不宜。

龜鱉在陸。絕水失所。利彼庖人。詐能夢告。

右辛統天輔直符臨兌。木受制於金。變卦互離無坎象。故曰龜鱉在陸絕水失所也。下卦兌爲毀折。爲口食。互離爲火。爲戈兵。互巽爲利市。故曰利彼庖人。坎爲通。無坎象。故曰不能夢告也。此方不利有爲。

設網捕魚。反得家鷄。王氏失勢。禍延絕嗣。

右辛統天輔直符臨艮。木生尅土。正卦上巽互離。有設網捕魚之象。變卦互巽無坎。故曰反得家鷄。家者蠱指下艮也。上乾爲王。上陽而下陰。乃上重下輕之象。故曰王氏失勢絕嗣者。巽變乾爲老陽。變卦中無陰象也。此方不利婚姻種植上官謁貴諸事不宜。

蓂赤𤰈狐蓂黑匪烏。縱入網罟。豈曰凶無。

右辛統天輔直符臨離。離木生生火。然擊刑之格。不爲吉也。正卦互坎。坎爲狐。變卦互巽。巽爲烏。下離爲網。互巽爲入。此方不利有爲。諸事凶。

金人執炬。火延懸鼓。賴有蒼龍。與水救護。

右辛統天心直符臨坎金生水忽變巽而受水生不爲洩氣矣正卦上乾互離有金人執炬之象互離變互震震承上巽有焚懸鼓之象震爲龍承巽爲輿下坎水有嘔輿水救護之象此方利謀爲商賈上官移徙蓋主先驚而後吉也

黃帝所都堯舜所居衣冠仁義可以止息

右辛統天心直符臨坤金受土生正卦乾上坤下有黃帝建都之象乾衣巽冠蓋指正變之上卦也仁義指互卦艮也止息亦坤艮之象也此方宜入宅移徙上官出行商賈謀爲婚姻營造諸事皆吉

放鯉山巔不有水泉魚枯龍服上訴於天

右辛統天心直符臨震金往尅木。正卦互巽與艮有放魚山嶺之象。變卦亦上巽而互艮也。二卦皆無坎。故曰不有水泉而魚枯矣。下震互坤則龍服矣。正卦上乾下震有鳴於天之象。此方不利有爲。

晉侯不道崇臺纍金一朝火發頹毀爲薪。

右辛統天心直符臨巽金往尅木。又爲反吟之格。凶莫甚矣。正卦乾居西北有晉之象。乾又爲君也。上乾又互乾。有纍金爲臺之象。蓋以下巽承之。巽爲高爲崇臺也。變卦互離。一朝之象。蓋以下巽承之離又爲火也。互兌爲毀折而巽承之爲薪矣。此方不利營建上官諸事不吉。

据斗運樞順天無虞巨君效之乃見殺軀

右辛統天心直符臨乾二金離比然忽變巽而受宮尅又為伏吟之格其凶可知變卦上巽為木承之以互離離中虛復承之以互兌兌上缺有斗之象所言据者巽為股也上卦巽為木為入又為繩而下互離互兌以承之有樞之象所言運者下卦乾也乾為天天行健故言運也若甲午時不為伏吟故言順天無虞盖指正卦純乾未變而無妄動之象也乾為大君漢賊王莽字据君故以莽象之莽至殺身時倚据斗運樞以為天德在予故曰效之變卦互離為戈兵乾反在下有喪元之象故曰殺軀此盖指六辛時伏吟之格言也此方值

伏吟時。諸事不利。

元首交麗行由仁義。歡悅無憂。利於動止。

右辛統天心直符臨兌。二金比和。正卦上乾。有元首之象。互離爲麗。變卦互震。有足象。互艮爲山。爲路。爲門。有仁義之象。下兌爲悅。無坎象。故曰無憂。利者指上巽也。動止者指互艮震也。此方利應。舉上官移徙入宅商賈。婚姻皆吉。

求我大欲。獲其利福。盈盛之門。高光覆屋。

右辛統天心直符臨艮。金受土生。二吉相合。正卦上乾互乾。復承之以互巽。有大欲之象。變卦上巽。故曰獲其利福。互坎中滿爲盈。下艮爲門。爲屋。而上乃巽。故曰高。互離故曰光。艮在離下。故曰覆。此方利營建商賈謀爲謁貴諸事皆吉。

天網下上。弓矢斯張。鬼神晝見。自取滅亡。

右辛統天心直符臨離。金受制於火。乃復變巽以益火而自洩其氣。又爲擊刑之格。凶莫甚矣。正卦上乾下離。天網之象。變卦上互離而下亦離。故曰下上。互坎爲弓。上巽爲入。互離間之。有弓矢斯張之象。坎爲鬼而居離之中。爲鬼神晝見也。甲午臨離爲自刑。故曰自取滅亡。此方不利有爲。

委蛇循河。北至海涓。白魚入網。手不能持。

右辛統天柱直符臨坎。金往生水。自洩其氣。變卦互震。故曰委蛇。下坎故曰循河。坎爲北方之卦。震爲萑葦。故曰北至海渭○正卦上兌互巽○而互離承之○故曰白魚入網○互巽變互艮○見艮○則不見巽○故曰手不能持也○此方不利商賈出行上官移徙諸事不宜○然亦不凶○

德施仁義○利於家國○風伯雨師○清塵靖衢○

右辛統天柱直符臨坤○金受生於土○正卦下坤○坤廣載庶物○故曰德施仁義○指互艮也○風伯指互巽也○雨師指變坎也○坤爲塵○艮爲路○故曰清塵靖衢也○此方利上官出行婚姻○

逐兎得狐○反搖虎鬚○所行不利○前險可慮○

右辛統天柱直符臨震○金往剋木○又名反吟○正卦上兌變坎○有逐兎之象○互艮爲虎○虎鬚者指互坤也○下震而上坎○前險之

象。此方不利有爲。
賊仁傷德。天怒。弗福。斬刈宗社。失其土宇。
右辛統天柱直符臨巽。金往尅木。正卦無艮。而變卦上坎。故曰賊仁。無坤而互兌。故曰傷德。正卦互乾而上兌。故曰天怒弗福。變卦互離爲戈兵。互兌爲毀折。故曰斬刈宗社。無坤艮之象。故曰失其土宇。此方不利有爲。
麋鹿飲泉。終日而飽。金玉既富。欣無盜賊。
右辛統天柱直符臨乾。二金比和。自復變坎。以愛乾生。變卦互離而上坎。有麋鹿飲泉之象。互離爲終日。又上坎中滿爲飽象。正卦下乾互乾。而變又下乾。故曰金玉既富也。變互兌

爲悅。上離坎分。互爲兌。則無坎矣。故曰欣無盜賊也。此方利
商賈上官嫁娶出行。但宜欣樂不宜愁戚驚恐。
三女爲姦。相毀爭雄。鬼盜爲祟。禍咎在門。
右辛統天柱。旨符臨兌。二金雖比。然伏吟之格。未爲吉也。正
變二卦見三兌一坎。有三女爭雄之象。坎爲鬼盜。互艮爲門。
兌爲毀折口舌。故其象如此。此方不利婚姻上官諸事不吉。
旦望尹說。屏商胡周。國之休明。福祿無遺。
右辛統天柱。旨符臨艮。金受土生。變卦互離。有旦望之象。正
卦互巽。上兌。有尹說之象。陰在外而陽居中。有屏胡之象。商
周國福。皆指乾也。休明指離。祿指兌。無遺者無坤象也。此方

利上官應舉諸事皆吉

幽厲不道剝胎殺幼弗納深謀爲狄所滅

右辛統天柱直符臨離金受制於火又變坎而尅火彼此交相尅甲午爲自擊刑之格凶莫大焉變卦上坎幽象也正卦上兌厲象也不道者無艮坤也見兌而無坤剝胎也見兌而無艮殺幼也正互乾爲言受尅於變互之離爲弗納也深坎象謀兌象狄北方坎北方卦坎尅離宮故曰爲狄所滅也此方不利有爲

馬奔車敗墜陷深壑身亡魂去室家不樂

右辛統天柱直符臨坎土生尅水自復變離以受制於坎凶

莫甚矣。正卦互震有馬作足之象。進而見互坤。故曰奔。下坎爲輪。進而見坤爲輿。坎爲多眚之車。故曰敗墜陷深壑者。指坎象也。下坎而變又互坎。故曰身亡魂去。正卦上艮互坤。室家之象。不樂者。無兌象也。此方不利出行上官。諸事不宜。

歲晏陽微。日行短縮。閉塞授幽。萬物反復。

右辛統天任直符臨坤二土。雖比然反吟之格。未可言吉也。正卦一陽將盡於丑陰之上。曰剝。有歲晏陽微之象。變卦上離。故曰日。互艮綜震。故曰行。無巽象。故曰短縮。互坎。故曰幽。下坤。故曰閉。正變下皆坤。互又多坤。故曰萬物。格爲反吟。故曰反復。此方不利有爲。

一指食肉。口無所得。染其鼎金。楞腹莫悅。

右辛統天任。直符臨震。土受制於木。變卦互艮。故曰一指。互坎。故曰肉。無兌象。故曰口無所得。上離下震。有鼎金之象。楞腹者。正卦互皆坤也。上艮爲止。下震爲鳴。有楞腹之象。莫悅者。無兌象也。此方不利商賈謀望。諸事皆不宜也。

天之所壞。不可強支。衆口嘈嘈。雖大亦危。

右辛統天任直符。臨巽。土受制於木。變卦互乾。自正卦互兌變來。故曰天之所壞。且互乾之上。又見互兌。故曰不可強支。正變皆互兌。有衆口嘈嘈之象。乾爲大。兌爲毀折。故曰雖大亦危。此方不利舉動。

駕龍乘馬。東至泰山。王國既富。不利商賈。

右辛統天任直符臨乾。土徃生金。但自變離而尅宮。故於國家大人則吉。於商賈則否。正卦互震。有駕龍乘馬之象。上艮互震。東山之象也。王國指乾也。此方最宜上官爵賞。

府藏廣聚。利以賑貸。江河設網。魚鱉多獲。

右辛統天任直符臨兌。土徃生金。正卦互坤。府藏廣聚之象。賑貸者。變卦互離而成既濟也。上離爲網。下兌綜巽爲魚。此方宜給散倉廩。立券商賈。漁獵謀爲。

赤鵬入門。宰家咸驚。鬼魅暗害。不利主人。

右辛統天任直符臨艮。二土雖比。然六辛時爲伏吟。不爲吉也。變卦上離互巽。赤鵬之象也。巽爲入而下艮。爇之爲入門。也。室家指艮。驚指兌也。鬼魅指正卦互坎也。此方不利治病。營建移徙上官諸事不宜。

鬼守於門。晝入夜啼。更索酒食。病者殆危。

右辛統天任直符臨離。土雖受生於火。然擊刑之格。未可爲吉也。正卦上艮互坎承之。有鬼守門之象。變卦上離互巽。晝入之象也。正卦互坎互震。夜啼之象。變卦互兌爲口食。病者指互坎也。此方不利有爲。

火水相刑。反覆不寧。絕於口食。鬼守其門。

右辛統天英直符臨坎。火受制於水。又爲反吟之格。不爲吉

也正變二卦皆無兌故曰絶口食也變卦下坎上艮故其象如此此方不利有爲

賦斂重徵政爲民賊耕織空虛君子不憩

右辛統天英直符臨坤火生土然晉卦變剝不爲吉也變卦互坤主翕有賦斂之象正卦互坎政爲民賊象也二卦無巽震耕織空虛之象君子不憩者民下無乾此方不利移徙上宜種植商賈

日月循行六合光明開國成家盛世以昌

右辛統天英直符臨震火受木生正卦上離互坎而下震有日月循行之象變卦中互皆坤大象離故曰六合光明國家

指坤也。世亦指坤也。此方利營建上官移徙商賈諸事吉。

巨商行旅。大其資斧。逐利王市。家蒙福祉。

右辛統天英。直符臨巽。火受木生。正卦互乾而下巽。巨商之象。變卦互震。行旅之象。乾爲大。爲金。上離爲戈兵。如斧象也。下巽爲市利。乾爲王也。家者指變卦上艮也。此方利商賈上官移徙婚姻。

鹿行弗息。爲虎所食。道有老人。佇立終日。

右辛統天英。直符臨乾。火往尅金。正卦上離爲鹿。變卦互震爲行。上艮爲虎。互兌爲食。道路指艮也。老人指乾也。終日指離也。此方不利出行上官商賈移徙。

石門東墟。兵火爲災。狐穴不存。悉爲秦灰。
右辛統天英直符臨兌火徃尅金。變卦上艮互震與坤。有石門東墟之象。正卦上離互離兵火之象也。中互坎爲狐。離中虛爲穴。變卦無坎離之象。故曰狐穴不存。秦乃西方之國。兌卦象之。正變下皆兌也。變卦中互坤。故曰悉爲秦灰。此方不利。營建上官移徙商賈諸事不利。

艮土淑女。琴瑟相守。廣嗣多男。懽悅長久。
右辛統天英直符臨艮火徃生土自復。變艮以與宮合。正卦下艮少男之象。互兌少女之象。故曰艮土淑女。變卦互震爲鳴琴瑟象也。上下艮止相守象也。正變二卦互一長男一中

男。復見三火男。一長女。一中女。一火女。故曰廣嗣多男。互兌
為悅。互巽為長久。故其象如此。此方利婚姻移徙上官商賈
晉景有疾秦醫不治。患入膏肓咎在二豎。
右辛統天英直符臨離。二火雖比。然伏吟擊刑之格。不為吉
也。變卦互坎。有景公有疾之象。秦醫乃指正卦互兌也。變卦
上艮為背。而互坎承之。坎自正卦互巽變來。故曰病入膏肓。
二豎者。指互兌也。蓋兌變而互坎。坎為隱伏。兌為毀折而兌
金又生坎水。其咎在二豎可知。此方不利治病修合上官見
貴。諸事不利。

甲辰壬儀

虎狐相逐。不有休息。涉河登埠。爲寇所覆。
右壬統天蓬直符臨坎。二水雖比。然自變坤以尅其宮。又爲伏吟之格。正卦互艮爲虎。上坎下坎爲狐。變卦互震而無艮。故曰不有休息。上坤下坎。故曰涉河登埠爲寇所覆者。正變卦三見坎也。此方不利出行上官。諸事不宜。
霜降閉戸。蟄虫隱處。莫見二離。與死爲伍。
右壬統天蓬直符臨坤。水受制於土。正卦上坎爲霜。變坤故曰降。互艮爲戸。變坤故曰閉。坎爲隱伏。無震故曰蟄虫隱伏。二離日月也。變卦無坎離二象。故曰不見二離也。坎爲鬼。坤爲卦數之終。土五數。故曰與死爲伍。又伍爲終也。此方不利有爲。

擊鼓逐寇。盜伏山後。我衆行行。反循大道。

右壬統天蓬直符臨震。水往生木。自洩其氣。正卦下震上坎。有擊鼓逐寇之象。互艮爲山。變坤爲衆。正變下皆震。故曰行行。震爲大塗。又坤爲道。故其象如此。此方不利追捕商賈尋覓出行。

樹養蒺藜。還自傷賊。雖無大眚。所爲莫得。

右壬統天蓬直符臨巽。水往生木。自洩其氣。又爲擊刑之格也。正卦下巽上坎。有樹養蒺藜之象。坎爲盜賊。盜蓬者坎之星爲我。故曰還自傷賊。此方不利進人口婚姻種植謀爲

天氣下降地氣上升陰陽順序天下和平

右壬統天蓬直符臨乾水愛生於金而又變坤以生乾變卦上坤下乾有天降地升之象正卦上坎而互離有陰陽順序之象正變二卦皆乾下故曰天下此方利營建上官布令種植諸事皆吉○

喜來如雲宛宛龍行布帛廣積歡悦盈門○

右壬統天蓬直符臨兌水愛生於金正卦下兌上坎故曰喜來如雲宛宛龍行者正卦互震而變卦亦互震也布帛廣積者變卦上坤而互亦坤也正卦互艮爲門下兌爲悦故其占如此此方不利商賈營建上官出行

衆盜擾關欲行步難終日憂心桎梏爲患

右壬統天蓬直符臨艮水受尅於土變卦上坤下艮有衆盜擾門之象互震而以艮承之故曰欲行步難也正卦互離上見坎下互亦坎故曰終日憂心桎梏爲患者正變卦中三見坎也此方不利有爲

龜鱉觸網不能得脫加彼負乘寇綜其後

右壬統天蓬直符臨離火受制於水雖不爲過然反吟之格不爲吉也正卦下離互離爲龜鱉上坎互坎爲險陷離又爲網罟故曰觸網無兌象故曰不得脫變卦互震爲馬上坤爲輿又爲輿故曰負乘互坎爲寇而上見震故曰寇綜其後也

此方不利有爲。

國亂不安。寇盜爲患。掠我妻孥。室家饑寒。

右壬統天芮直符臨坎。土徃尅水。正卦上坤互坤爲國。下坎故曰不安。變卦上坎下坎。故曰寇盜。互艮爲手。故曰掠。正變二卦無巽離兌之三陰象。故曰掠我妻孥。正卦互坤。變卦互艮。故曰室家。饑者無兌。寒者多坎。此方不利有爲。

大邑空虛。惟生荆棘。夜有鬼虎。門伏盜賊。

右壬統天芮直符臨坤。二土雖比。然伏吟之格。不爲吉也。且復變坎以受宮尅。凶莫大焉。正卦純坤。故曰大邑。無震動之象。故曰空虛。變卦上坎。故曰惟生荆棘。坎爲鬼。爲夜。爲盜賊。

互艮為門。為虎。故取象如此。此方不利有為。

狐假虎威。道路潛行。為國之咎。聖賢所憎。

右壬統天芮直符臨震土受制於木。乃復變坎以生木自洩其氣。變卦上坎互艮。有狐假虎威之象。坤道艮路。坎潛重坤國也。聖賢仁義廣博之人。指坤艮也。憎疾惡之貌。蓋言坎也。此方不利有為。

野狐多態。吐火吹雲。驚我室家。伏於枯井。

右壬統天芮直符臨巽土受制於木。又為擊刑之格。變卦上坎為狐。坎自坤卦變來。故曰野狐。坤為衆。故曰多。互兌而見離。吐火象也。見坎吐雲象也。驚兌象也。室家坤象也。井者卦變井也。枯者。正卦坤尅變卦水也。此方不利有爲。

方舟防水。傍河。然火德善祥。徵終身無禍。

右壬統天芮直符臨乾。土往生金。又變坎以受宮生。正卦上坤互震。有方舟之象。坤變坎。故曰防水。變卦上坎互離。有傍河。然火之象。坤廣厚載物。故曰德善。終身無禍者。指下乾不受上尅也。此方百事俱宜。

龍門砥柱。水道無虞。上靜下堅。民安其居。

右壬統天芮直符臨兌。土往生金。變互艮與震。故曰龍門上坎一陽居中。爲當位。且承之以艮。止。故曰砥柱。正卦坤變坎。而承之以艮。路。故曰水道無虞。上坤爲靜。變互艮下居二陽。

故曰堅。此方利營建大宅。諸事吉。

右目無瞳。偏視寡明。十步之外。不見乃公。

右壬統天芮直符臨艮。二土雖比。然反吟之格。未可為吉也。右目無瞳者。正卦無離象也。變卦互離。故曰偏視而寡明。十步者。正卦上坤而互震也。不見乃公者。無乾象也。此方不利有為。

衆寇為難。弄兵縱火。賴我勇兵。獲其醜虜。

右壬統天芮直符臨離。土雖受火生。然我變水以尅其宮。變卦上坎互坎。正卦上坤又互坎。有群寇之象。又互離。故曰弄兵縱火。二卦三見坎。水能尅火。故曰勇。坎為弓。故曰兵。坎為

寇而正卦上坤尅之故曰獲其醜也此方將兵利客更宜捕盜出令商賈出行主先驚而後吉也

舟行宜賈獲利倍蓰祿益福增日見喜悅

右壬統天冲直符臨坎木受水生自復變金生木正卦上震下坎互又坎有舟行之象變卦互巽爲利市故宜賈正變皆互離爲日見變卦上兌爲喜悅此方利商賈出行納財謀爲

登高折木蹎跌傷足利不得獲身受吝辱

右壬統天冲直符臨坤木往尅土變卦互巽爲高木上兌爲折正卦互坎爲陷故曰蹎跌上震爲足變兌爲毀折故曰傷足此方不利有爲

足病難行。據牀伏吟。異物作祟。夜入我門。

右壬統天沖直符臨震。二木雖比。然自變金以尅其宮。又爲伏吟之格。凶莫甚矣。正卦上震互坎而又互艮承之。有足病難行之象。艮爲牀。爲手。故曰據牀。互坎爲鬼。爲夜。變互巽爲入。艮爲門。故其象如此。此方不利有爲。

荆軻漸離。慕丹之義。爲燕入秦。反化異物。

右壬統天衝直符臨巽。二木雖比。然自變兌而徃尅之。又爲自刑之格矣。正變二卦大象皆坎。坎爲蒺藜。故曰荆軻。錯離。故曰漸離。二者雖古人之名。然合象。故詳註之。非傅會也。離爲丹。慕丹者。未見離象也。燕北方之國。坎象之。秦西北之國。

乾象之。身爲異物者。坎象也。正卦互兌。變卦上兌。有刺秦折毀之象。下皆巽。爲入也。蓋自刑之格。所以自取滅身也。此聖人所謂百世可知也。其方不利有爲。

衆口爍金。讒言亂國。從來殆危禍起倖變。

右壬統天冲直符臨。乾木受制於金。正卦互兌。變卦上兌。皆下乾。有衆口爍金之象。乾爲言。兌爲毀折。故曰讒言國者。指乾也。倖嬖者。震爲長男。兌爲妾也。此方不利上章嫁娶上官謀爲。

三女爭雄。相逐西東。臭聲可醜。君子所憎。

右壬統天冲直符臨兌。木受制於金。又爲反吟之格。正變二

卦三見兌。故曰三女。一震故曰爭雄。西東正上震而變上兌

也。互巽爲臭。上震爲聲。故其象如此。此方不利婚姻上官。

自龍魚服遊於澤濱。爲矢所射咎奚尤。

右壬統天冲旨符臨艮。木往尅土變卦上兌。西方之卦爲白。

正卦上震爲龍。龍魚服者互巽也。爲矢所射者正卦大象坎而

互巽爲入也。此方不利舉動。

君正令善。寇盜踪潛。金玉既富國賴以安。

右壬統天衝旨符臨離。木往生火變卦互乾爲君。下離爲明。

故曰令善。正變皆無坎象。故曰寇盜踪潛。踪潛者指正卦上震

也。金玉富國皆指變卦互乾也。此方利上官營建。

兩豕爲怪。雞犬咸驚。因禍致福。喜盈其門。

右壬統天輔直符臨坎。木受水生。然自變艮土以尅其宮。故曰因禍致福。正變二卦下皆坎。故曰兩豕爲怪。正卦上巽。變卦上艮。故曰雞犬。福指變互坤也。門指艮也。此方利入宅移徙上官商賈。但先否後吉也。

木牛膠車。不利遠遊。安止不殆。出戸可憂。

右壬統天輔直符臨坤。木往尅土。正卦上巽下坤。故曰木牛。坤爲大輿。而上見艮止之象。故曰膠車。坤靜艮止。故曰安止。坤爲厚德廣博。故曰不殆。正卦互艮爲門。出戸可憂者。設言若上爻變則爲坎而可憂矣。此方不利舉動。

陸車千里。不見江河。雖無魚市。無有災咎。

右壬統天輔直符臨震。二木比和。然自變艮以受震尅。正變卦皆互坤。有陸車千里之象。二卦無坎。故曰不見江河。正卦上雖巽。然無水。則爲雞而不爲魚矣。故其象如此。此方利移徙商賈。當察爻象。不利販鮮。婚姻亦不宜也。

驪姬扇讒。謀自二變。重耳出奔。申生亦縊。

右壬統天輔直符臨巽。二木雖比。然自變艮以受木尅。又爲伏吟擊刑。未可爲吉也。變卦互震爲龍爲馬。又自離象變來。而互兌承之。兌爲妾。有驪姬之象。兌爲毀折。而承之以巽爲扇讒也。二變者。正變皆互兌也。坎爲耳。而二卦中無坎而有震。故以重耳出奔象之。申金也。兌象也。互兌之下而皆以巽承之。巽為繩。兌又為口。有繫頸自縊之象。故曰申生亦縊。驪姬之象。正與荆軻漸離之詞同意也。然雖往事古人之名。觀之於象。似與事符。故以此象之耳。此方不利有為。

一簧兩舌。佞言讒語。三奸成虎。曾母投杼。

右王統天輔直符臨乾。木受制於金。又為反吟之格。凶可知矣。正變卦惟互得一震。而兌則有二。一簧兩舌之象也。下乾為言。而上見兌。故曰佞言讒語。三奸者以正卦互離而為乾之奸也。成虎者。變卦上艮也。杼者成布之器。二卦不見坤而見震巽。故曰投杼。曾母投杼而起。必遁去也。指無坤而見震也。此方不利有爲。

命雞捕鼠。遺牛守戶。所用非人。動則有咎。

右壬統天輔直符臨兌。木受制於金。正卦上巽而變卦上艮。故曰命鷄捕鼠。變互坤而正互艮。故曰遺牛守戶。動則有咎者。以二卦互震皆自下兌互來也。此方不利有爲。

新臺要婚。期至舟膠。不見所歡。心旌搖搖。

右壬統天輔直符臨艮。木往剋土。正卦互坎。變卦亦互坎。河上之象。正卦上巽爲高。變卦上艮爲門闕。有新臺之象。艮止巽入。故曰要婚。互離爲期。至變互震承之以互坎。而復承之以艮。舟膠之象。不見所歡者。有離象無兌象也。心旌者。指坎與離也。搖〻者。指震巽也。此方不利婚姻入宅上官出行。

駟馬曳輪。東上崇山。雖無危殆。臨險力綿

右壬統天輔直符臨離。木往生火。又自變艮以受火生。雖俱相生。然俱洩氣。變卦互震而互坎以承之。如駟馬曳輪之象。正卦上巽為高。變卦互震。東方之卦。上艮為山。故其象如此。此方利出行上官。多離象也。不利商賈婚姻。無金象也。

避患圖休。反入禍門。鬼寇暗害。使我心憂。

右壬統天心直符臨坎。金雖往生水。忽變離以受坎尅。故其象如此。此方不利出行。避難移徙上官。

坤厚載物。萬物蕃息。金玉布帛。車盈戶積。

右壬統天心直符臨坤。金受土生而又變火以生宮。且爲天地定位之卦。是爲吉也。金玉布帛指正卦乾坤象也。車坤盈坎戸艮也。積者二卦下皆坤也。此方利商賈上官種植牧養。

白虎黑狼伺於山陽。遮遏牛馬。病我旅商。

右壬統天心直符臨震。金尅木正卦上乾。乾西方之卦。故曰自變卦互坎。坎北方之卦。故曰黑。互艮故曰虎狼。又艮承離。故曰山陽。離牛乾馬。互坎爲病。商旅者指正變二卦下震也。此方不利出行商賈。諸事不宜。

大國武庫。甲兵所聚。廼非里邑。不可休止。

右壬統天心直符臨巽。金尅木。又爲擊刑反吟之格。正卦

上乾互乾故曰大國變卦上離爲戈兵下巽爲入故曰武庫無坤艮象故曰非里邑不可休息也此方不利移徙上官入宅營建

王者政虐既聾且瞶日弄甲兵信讒悅佞

右壬統天心直符臨乾二金雖比然自變離而尅宮又爲伏吟之格凶甚可知正卦純乾有國有王之象變卦上離爲火火性猛人望而畏之但三乾一離非明也故曰政虐無坎耳象故曰聾一離象故曰瞶離爲日爲戈兵互兌爲毀折爲嬖妾故其取象如此此方不利上官遣使出令謀爲

車攻馬同吉日迺田一獲三品錫飲告功

右壬統天心直符臨兌二金雖比變卦互坎爲輪正卦上乾爲馬互離爲月爲網爲戈兵田獵之象互巽爲禽爲利市三倍故曰三品上乾爲錫下兌爲口食互坎爲酒故其象占如此此方利田獵出行上官燕會

登高望月見樂無憂求利南都與利相爭

右壬統天心直符臨艮金受土生復變離以生土變卦上離爲月爲月互巽爲高有登高望月之象互兌無坎故曰見樂無憂正卦互巽爲利上乾乾乃先天南方之卦而互又是乾有都邑象故曰南都也與利相爭者正變二卦互皆巽也此方利商賈上官謀爲移徙諸事吉

正陽云災。金氏乃衰。煙滅成虛。高木亦頹。

右壬統天心直符臨離。金受火尅。正卦上乾爲先天南方。又爲純陽之卦。故曰正陽。變而爲離。乾又爲言。故曰云災。乾屬金。被火尅則衰。故曰金氏乃衰。高木指互巽。頹者指互兌也。此方不利營建上官。諸事不宜。

心得所欲。户常舒笑。夫婦悅喜。鷄鳴而作。

右壬統天柱直符臨坎。金生水。自復變震。以受坎生。正卦下坎而上兌。故曰心得所欲。兌而變震。有舒笑之象。變卦互坎與離。有夫婦之象。悅喜指兌也。鷄指巽。鳴指震。作亦指震也。此方利商賈婚姻。

獨坐方輿。聽樂以娛。薦食行觴。百福入廬。

右壬統天柱直符臨坤。金發土生。變卦上震下坤。一陽在五陰之中。故曰獨坐也。坤爲方。爲大輿。坎爲耳。震爲行。爲鳴。故曰听樂。正卦上兌爲口食。坤爲衆。而互艮爲廬。互巽爲入。故其象如此。此方利燕會。婚姻上官見貴。

梟鳥夜鳴。舉室怪驚。據床無燭。反復莫寧。

右壬統天柱直符臨震。金往尅木。又爲反吟之格。正卦互巽而上兌。變卦互坎而上震。有梟鳥夜鳴之象。二卦皆互艮爲舉室之象。怪指坎。驚指兌也。艮有床象。無離故曰無燭也。反復不寧者。指反吟也。此方不利有爲。

秦伯晉侯盟於城下言雖有章中心毁妬

右壬統天柱直符臨巽金往尅木而又變震以與巽比正變二卦皆互乾有秦晉城盟之象乾又爲言而上各見兌象故曰毁妬也此方不利上章謁貴惟利解紛會友納財招撫

喜笑且語莫能掩口艮馬解衣福祿永久

右壬統天柱直符臨乾二金比和正變二卦皆見兌象故曰喜笑且語者乾爲言也莫能掩口者上兌變震而中仍互兌也艮馬解衣者皆指乾也此方諸事皆宜

鬼哭澤濵行者多驚眼不得見蘆下伏吟

右壬統天柱直符臨兌二金雖比然伏吟之格不爲吉也變

卦互坎而下兌有鬼哭澤濱之象上震爲足行者象也正變二卦三見兌故曰多驚皆互離所以云眼蘆下揹震下坎也此方值六壬時不利出行移徙諸事不宜

冲后仁義國無胎夭家室以寧和悅相樂

右王統天柱直符臨艮金受土生正卦互乾而下艮有冲后仁義之象二卦不見坤坎故曰國無胎夭家室指二卦下皆艮也和悅相樂者正卦上兌而變亦互兌也此方百事俱宜

靈公不君人人於火民不聊生四方兵起

右王統天柱直符臨離金受制於火又自變震以生離危殆甚矣正變二卦下皆離互皆巽故曰人人於火離爲戈兵故

其象如此。此方諸事不宜。

黑夜窮途。震慄恐懼。山下水深。不可以渡。

右壬統天任直符臨坎。土生尅水。正卦下坎爲夜。上艮爲路。而變巽爲進退。不果。有黑夜窮途之象。震慄者互震而以坎承之。坎爲險陷。故有震慄恐懼之象。正卦上艮。變互亦艮而下皆坎。故曰山下水深也。此方不利出行上官移徙商賈。

大車多載。重不能行。徘徊夷猶。林風反吟。

右壬統天任直符臨坤。二土雖比。自復變巽以尅宮。又爲反吟之格。不以吉論也。正卦下坤。互坤有大車多載之象。而上見艮。故曰重不能行。徘徊夷猶者。乃變卦上巽也。此方不利出行商賈上官移徙。

鼠入筐篋笮不得去縱生亦傷足不及戶。

右壬統天任直符臨震土受木尅變卦上巽互艮下震有鼠入筐篋之象笮不得去者正卦上艮下震如欲動而止也縱生亦傷者天任生門之星震乃傷門之地足不及戶者震爲足而艮爲戶也此方不利上官謁貴出行商賈。

鷄方啄粟爲狐所逐獨遺二雛徘徊林木。

右壬統天任直符臨巽土受木尅又爲擊刑之格正卦上艮下巽互震與兌有雞啄粟而狐逐之象變卦上巽下巽故曰二雛徘徊林木也此方不利有爲惟利禦寇。

鷄鳴日中。犬吠竹底。虎出山林。行人懼止。

右壬統天任直符臨乾土往生金。自洩其氣。復變木以受宮尅。變卦上巽互離。而承之以兌。有鷄鳴日中之象。正卦上艮互兌而見震。故曰犬吠竹底。上艮變巽。故曰虎出山林。行者指震。懼者指互兌。止者指上艮也。此方不利出行商賈。

猛虎乳羊。詎可爲祥。終被囓食。行止是詳。

右壬統天任直符臨兌。土往生金。自洩其氣。又變巽而受兌尅。正卦上艮爲虎。下兌爲羊。行止者正卦上艮互震。變互亦艮與震也。故其象如此。此方不利出行謀爲。

三虎盜豕。乃入網罟。進退未能。爲矢所苦。

右壬統天任值符臨艮二土雖比然自變巽以尅艮且為伏吟之格凶莫甚焉正卦上下皆艮變卦下艮故曰三虎正變皆互坎故曰盜豕變卦上巽而互離故曰乃入網罟也坎巽為弓矢故其象如此此方不利有為

南山之谿喬木是蔭君子所居門入福慶

右壬統天任值符臨離土受火生復變巽以生火變卦互離正卦上艮變卦上巽互坎有南山之谿喬木是蔭之象艮為門巽為入故其象如此此方利營建入宅上官移徙

淫雨連朝水平木根稻粱悉傾盜賊縱橫

右壬統天英值符臨坎火受水制自復變乾以生坎且為反

吟之格。不為吉也。正卦互坎而上離互離。變卦下坎而互離。
有淫雨連朝之象。變卦互巽。而承以坎。故曰水平木根。二卦
無震。故曰稻粱悉傾。三見坎。故曰盜賊縱橫。此方不利有為。

北風其凉。雨雪其滂。前有深壑。車莫能行。

右壬統天英直符臨坤。火徃生土。自洩其氣。然復變乾以受
坤生。正卦互坎。變卦互巽。北風雨雪之象。正卦互艮於坤之
上。而見坎。故曰遇壑。而車不得行也。此方惟利出行。若納財
進口。燕會婚姻。則不宜也。

堯舜禹湯。四聖敦仁。民歌帝力。衣織食耕。

右壬統天英直符臨震。火受木生。變卦上乾為天。有堯仁如

天之象。互艮爲山。而上見巽入。有舜畊歷山之象。正卦互坎爲水。下互艮手震足。有禹治水手足胼胝之象。正卦離爲戈兵。爲明。有湯征伐之象。仁指艮。衣指乾。織指巽。而下震畊指巽與艮。故其象如此。此方諸事皆宜。

秦儀機言。煽惑諸國。雖榮一時。後相折毁。

右壬統天英直符臨巽火。離受木生。然擊刑之格。未可爲吉也。正卦互乾爲言。而上見兌。故曰機言。變卦三見乾。故曰諸國。下巽。故曰煽惑。此方不利有爲。

亢陽不雨。舉國咸驚。利脫桎梏。天下乃寧。

右壬統天英直符臨乾。火往尅金。正卦上離而下乾。變卦重乾無坎象。故曰亢陽不雨。舉國指乾也。驚指兌也。利脫桎梏。指無坎而見兌也。此方利折獄招降恤刑。上章餘不宜。

薄暮乘車。蹈險履危。亡我布帛。折毀輪輗。

右壬統天英直符臨兌。火往尅金。正卦互坎。有薄暮乘車之象。蹈履者。卦變為履也。險危指坎。亡布帛指無坤也。折毀指下兌。輪輗指坎也。此方不利出行商賈上官謀為。

結網捕魚。反得老狐。狐善媚。我置金戶樞。

右壬統天英直符臨兌。火往生土。復變乾而受艮生。正卦上離互巽。而承之以艮。有網魚得狐之象。變卦上乾互巽而承之以艮。故曰狐媚置金於門也。此方利弋獵納財燕會出行。

干戈四方。南國恐惶。家室已破。無處堪藏。

右壬統天英直符臨離。二火雖比。然自變乾爲離所尅。又爲伏吟之格。正卦重離。變卦下離。有干戈四方之象。四者指互巽也。南國指變卦乾離也。恐惶指正卦互兌也。家室已破者。無坤艮之象也。無處堪藏者無坎象也。此方不利有爲。

甲寅癸儀

三足怪鳥。長鳴烏烏。舉室惶懼。自禍其家。

右癸統天蓬直符臨坎。二水雖比。乃伏吟之格。不爲吉也。甲寅時不爲伏吟。六癸時乃伏吟也。正卦重坎。變卦下坎。故曰三。又互震亦爲三。爲足。變卦上巽爲鳥。坎北方之卦。故曰烏。

舉室者二卦皆互艮也。恐惶指坎。自禍指伏吟也。六癸時。此方不利入宅營建上官謁貴。

寇入大國。擾我黎庶。雖多布帛。不能盜去。

右癸統天蓬直符臨坤。水受土尅。自復變木以尅土。正卦上坎。變卦上巽。下皆坤。有盜入大國之象。黎黑指坎。庶衆指坤。坤爲布帛。艮爲止。故曰不能盜去也。此方不利上官求財商賈出行。惟利追捕禦盜。

舟漏載重。盜伺於途。我行雖衆。無可策禦。

右癸統天蓬直符臨震。水性生木。自洩其氣。正卦上坎。變卦上巽。二卦皆下震。互坤。有舟漏之象。上坎爲盜。互艮爲途也。

衆坤也。不可禦者。變巽與震比也。此方不利出行商賈上官

移徙。

避冦入東。反陷罟網。制於弓矢。驚惶心蕩。

右癸統天蓬直符臨巽。水往生木。然擊刑之格。未爲吉也。正卦上坎。變卦上巽。有避冦入東之象。正變二卦互皆離。而上見坎。故曰陷網也。坎爲弓。巽爲入。故曰弓矢。二卦皆互兌爲驚懼也。此方不出行上官。

姬旦輔周。孔明佐漢。風雨以時。越南雉獻。

右癸統天蓬直符臨乾。水受生於金。正變二卦皆互離。故曰姬旦孔明。周者指二下乾也。漢者指二互離也。風雨者二卦

上巽與坎也○時越南雉○皆猜離之象也○此方諸事皆宜○

細鱗巨口○生於江渚○風起波掀○豚魚爲伍○

右癸統天蓬直符臨兑○水受生於金○變卦上巽爲魚○下兑爲口○巨者互震爲長男也○江渚者正卦上坎下兑也○風波豚魚○猜正卦上坎○變卦上巽也○伍者艮土也○此方利弋獵燕會○不利出行附舟○

三狐邱首○赤木山巔○犬莫敢號○止伏不前○

右癸統天蓬直符臨艮○水受制於土○又變巽以尅艮○正卦上坎互坎○變互亦坎○故曰三狐○又皆居艮之上○故曰邱首○變卦上巽而以離承之○故曰赤木○山巔者亦邱首之謂也○艮爲犬

爲止。而上見坎爲隱伏。故其象如此。此方不利舉動。

終朝風雨。敗我家室。夜多鬼寇。弓矢相及。

右癸統天蓬直符臨離。水往尅火。又爲反吟。正變二卦下皆離。上則一坎一巽。有終日風雨之象。終日者離在下卦也。敗我家室者。二卦無坤艮也。坎爲寇爲鬼。爲弓巽爲矢。故其象如此。此方不利有爲。

大車雙輪。陷止不行。衆人惶懼。蕭蕭馬鳴。

右癸統天芮直符臨坎。土往尅水。自復變土以合其宮。然正卦上坤爲大輿。二卦俱下坎爲雙輪。坎陷也。變卦上艮爲止。坤衆也。馬鳴者。互震也。此方不利出行商賈上官謀爲。

北山童玃止我大輿。衆莫從逐。休牀獨宿。

右癸統天芮直符臨坤。二土雖比。然伏吟之格。未爲吉也。變卦上艮下坤。有北山衆玃之象。大輿。指坤。牀指艮也。甲寅時不爲伏吟。六癸時爲伏吟也。此方不利出行上官移徙婚媾。

陰霧蒙蔽。不見白日。山逕未通。使我亂惑

右癸統天芮直符臨震。土受木尅。變卦上艮下震。中互皆坤。有霧蔽之象。二卦無離。故曰不見白日。未通者。無坎象也。此方不利有爲。

牧羊山北。爲虎所禍。身無子矛。莫能相逐。

右癸統天芮直符臨巽。土受木尅。又爲擊刑之格。正卦上坤。

變卦上艮。而俱互兌。有牧羊山北之象。虎指艮。禍指兌象也。
無夸矛者。無坎離象也。此方不利牧養上官出行商賈。

我行自東。策馬乘輿。鑾聲不度。暫止亦娛。

右癸統天芮直符臨乾。土往生金。離洩其氣。然自變艮與宮比合。二卦皆互震。有行自東之象。乾震為馬。坤為車。鑾車上鈴。指乾也。聲指震也。止指艮也。此方利出行上官移徙謁貴。

范蠡陶朱。善賈宜室。易字子皮。安樂無它。

右癸統天芮直符臨兌。土往生金。草蓬生為范。范指正變皆互震也。蠡嚙木虫也。指二卦下兌。陶者指互坤。而大象離也。朱亦指離。此方利商賈謀為。

駕車出行遇寇於門弓矯矢盡輪陷馬奔

右癸統天芮直符臨艮二土雖比然反吟之格不爲吉也正卦上坤有駕車之象互震爲出行也互坎而上見艮故曰遇寇於門坎爲弓輪爲矯輮震爲足馬奔也此方不利出行上官諸事不宜

桃弓葦戟去殘驅惡室家乃寧敵人畏服

右癸統天芮直符臨離土受火生正變二卦互震而承之以坎有桃弓之象互震而承之以離有葦戟之象去殘驅惡無兌象也室家乃寧者上見坤艮也敵指坎坎爲加憂故曰畏坤爲衆故曰服也此方利上官謁貴出行商賈將兵利客

子子干旄。文以龍蛇。但可爲儀。莫能駭敵。

右癸統天沖直符臨坎。木雖受生於水。然自變離而爲水尅。正卦上震。變卦上離。有干旄之象。震爲龍蛇。離爲文綵。故其象如此。此方不利上官。惟利婚姻造像。

螣蛇南飛。望見虎廬。上下戰鬬。行者止途。

右癸統天沖直符臨坤。木往尅土。正卦上震。變卦上離。有螣蛇南飛之象。離爲目。承之以艮。故曰望見虎廬。上下戰鬬者。正卦上震。下坤也。行者止途者。正卦見震。變卦不見震而下互艮也。此方不利出行商賈。

行行不遠。目眩心蕩。三里乃復。伏吟於牀。

右癸統天冲直符臨震。二木雖比。然伏吟之格。不可爲吉也。正卦上下皆震。故曰行。行而承之以互艮。故曰不遠。變卦上離而承之以互坎。故曰目眩心蕩。三者指離也。林指艮也。此方值六癸時爲伏吟格。不利出行治病上官婚姻。

眇目跛足。乘馬逐鹿。復折兩股。終身困辱。

右癸統天冲直符臨巽。二木雖比。然擊刑之格。不可爲吉也。變卦上離爲目。而承之以互兌。故曰眇。正卦上震爲足。而承之以互兌。故曰跛。震馬。離鹿。兌折。巽股。二卦皆巽。故曰兩股。兩巽在下。故曰終。此方不利有爲。

雷火下擊。舉國皆驚。老馬玄黃。下首南行。

右癸統天冲直符臨乾。木受金尅。自復變火以尅金。正卦上震而變卦上離。二者皆兼之。以兌有雷火下擊之象。下乾互乾而上見兌。故曰舉國咸驚也。乾爲老馬。震爲玄黄。陰在上。故曰下首南行者。指正變上卦離震也。此方不利出行謀爲。

二人同行。欲南欲東。中途遇寇。不得相從。

右癸統天冲直符臨兌。木受金尅。復自變離以尅金。又爲反吟之格。正變二卦下皆兌。故曰二人。正卦上震。故曰行。正震變離。故曰欲南欲東。互坎。故曰中途遇寇也。此方不利出行商賈。

陽鳥南飛。觸其網羅。身無伴侶。奈若之何。

右癸統天衝直符臨艮。木往尅土。正卦小過有飛鳥之象。變卦上離。故曰陽鳥南飛。觸其網羅也。身無伴侶者。指一震也。此方不利有爲。

風日霽美。行旅是喜。後無鬼賊。但行無疑。

右癸統天衝直符臨離。木往生火。自復變離與之比和。正卦互巽而下離。故曰風日。二卦三見離。故曰霽美。無坎象。故曰無鬼寇。此方不利有爲。

陰陽旣循。室家靜安。風雨以時。民不勞苦。

右癸統天輔直符臨坎。木受水生。正卦上一陽。變卦上一陰。故曰陰陽旣循。正變二卦皆互艮。故曰室家靜安。正卦上巽爲風。下坎爲雨。故曰風雨以時。民無勞苦者。無乾兌象也。此方利上官謁貴出行商賈。

寇入國門。擾我士民。弓矢相及。戎馬載奔。

右癸統天輔直符臨坤。木往尅土。自復變坎以受坤尅。變卦上坎。正卦上巽。二卦皆下坤互艮。爲寇入國門之象。坤爲衆。故曰士民。坎爲弓。巽爲矢。無乾離。故曰戎馬載奔。此方不利有爲。

戢爲農器。牛馬以糞。雨暘時若。歲登大稔。

右癸統天輔直符臨震。二木比和。正變二卦皆無離。正卦上入下動。有耒耜之象。故曰戢爲農器。互坤爲牛。下震爲馬。坤

爲地爲靜。巽爲風。又爲臭。故曰牛馬以糞。正卦大象一。離變
卦上坎。故曰雨暘時若。正卦爲益。變卦爲屯。故曰大稔。此方
利種植開墾屯田營建上官牧養商賈出行。皆吉。
狂風折木。陰雨斷蹤。牛羊莫辨。寇伏執弓。
右癸統天輔值符臨巽。二木雖比。然伏吟擊刑之格。未可爲
吉也。正變二卦三見巽。故曰狂風。互兌見巽。故曰折木。變卦
上坎。二卦無震。故曰陰雨斷蹤。互離爲牛。互兌爲羊。以離兌
錯綜。故曰莫辨。坎爲寇。伏吟爲伏弓。指坎也。此方不利有爲。
貪食乾肺。偶犯金矢。傷其嚨喉。終日心憂。
右癸統天輔值符臨乾。木受金尅。又爲反吟之格。凶莫甚矣。

正變二卦皆互兌。兌爲口食。正卦上巽爲入。故曰貪。變卦上坎爲肉。乘之以離。故曰乾胏。金矢者。指上巽下乾也。傷其嚨喉者。互兌也。終日者。上互離也。心憂者。指變卦上坎也。此方不利燕會治病出行上官。

豚魚跳波。非網能獲。出戶遇寇。是誰之罪。

右癸統天輔直符臨兌。木受金尅。正卦上巽爲魚。變卦上坎爲豕。故曰豚魚。互震爲足。故曰跳。上坎下兌。故曰波。互艮爲門。乘之以互震。有出門之象。上見坎。故曰遇寇。此方不利出行上官。商賈謀爲。

結罟取魚。反得野狐。野狐怪媚。弄火驚余。

右癸統天輔直符臨艮木生尅土自復變坎以受艮尅正卦互離上見巽下見艮有結網取魚之象變卦互離而上坎故曰反得野狐互離故曰弄火巽綜視爲兌故曰驚此方不利舉動惟利於弋獵。

烈火從風鬼寇相擾弓矢所及民莫得息。

右癸統天輔直符臨離木生生火自洩其氣復變坎以尅火故不爲吉正變二卦四見離象故曰烈火正卦上巽故曰從風三見坎故曰鬼寇坎爲弓巽爲矢故其象如此此方不利有爲惟利燕會弋獵。

風雨凄凄老狐夜啼道無行人喬林惟鴟。

右癸統天心直符臨坎。金往生水自洩其氣。正變二卦皆互巽而坎承之。故曰風雨淒〻。正卦上乾下坎。故曰老狐。變卦上兌下坎。故曰夜啼。無坤艮震象。故曰道無行人。喬木指互巽。鵲者指乾變兌而下互巽也。此方不利出行商賈。

金玉布帛。衆集我門。無有寇盜。家室乃興。

右癸統天心直符臨坤。金受生於土。正卦。上乾下坤。有金玉布帛之象。衆集指坤。門指互艮。無有寇盜者。無坎象也。室家指坤艮也。興指互巽而艮綜震也。此方利營建入宅移徙商賈上官婚嫄。

秦王胡亥。暴虐好貨。趙高弄奸。呼馬指鹿。

右癸統天心直符臨震○金徃尅木○正卦上乾○故曰秦王○盖乾爲西北之卦○秦爲西北之國也○變卦上兌○兌先天卦序第二○有二世之象○故曰胡亥○兌徃尅震○故曰暴虐○乾爲金玉○承之以互巽○故曰好貨○互艮爲閽寺○而上見互巽○巽爲高○故曰趨高○下震爲馬○爲鳴○故曰呼馬○正卦大象離○爲鹿○又互艮爲指○故曰指鹿○此方不利上官謁貴出行婚姻○惟利商賈納財○

大弓長矢○巨寇所持○亂我邦國○驚我赤子○

右癸統天心直符臨巽○金徃尅木○又爲擊刑反吟之格○凶可知矣○變卦大象坎○故曰大弓○正卦大象巽○故曰長矢○大象坎○巨寇之象也○乾爲邦國○兌爲驚○乾爲赤○是爲赤子○故其象如

此。此方不利有爲。
老人瘠馬。伏不能行。有口無聲。頭病呻吟。
右癸縂天心。直符臨乾。二金雖比。然伏吟之格。未可爲吉也。
純乾無輔。故曰老人瘠馬。無震象。且値伏吟。故曰伏不能行。
變卦上兌無震。故曰有口無聲。乾爲首見兌。故曰頭病。此方
値六癸。時不利有爲。
目明而麗。無有寃獄。桎梏不興。利於雪理。
右癸縂天心。直符臨兌。二金比和。正變二卦皆互離。故曰目
明而麗。無艮象。故曰無寃獄。桎梏不興者。以二卦一乾二兌。
乾爲貴人。兌爲毀折。見乾爲言。如奔訟之象。而又上下比和。

故曰利於雪理也。此方利謁貴上官。恤刑獻策。振旅解兵。

子貢貨殖。金玉入門。途無寇患。我馬不驚。

右癸繞天心直符臨艮。金受生於土。正卦上乾。互乾。變卦亦互乾。貨殖之象。下承之以巽。入艮門。故曰金玉入門。無坎象。有艮象。故曰途無寇患。乾為馬。而變兌。兌宮之門為驚。然下見艮。止。故曰馬不驚也。此方利商賈納財。出行入宅。上官。諸事吉。

林下置罟。巨馬首觸。動物是戕。虞人獲福。

右癸繞天心直符臨離。金受尅於火。正變二卦皆互巽。承之以離。故曰林下置罟。互巽而上見乾。故曰巨馬首觸。此方利弋獵。餘俱不宜。

巨魚入網。漁人悅喜。置於暮市。反獲大利。

右癸統天柱直符臨坎。金生水。變卦上乾。中互巽。而承之以互離。爲巨魚入網之象。坎爲暮。巽爲利。市乾爲大也。此方利商賈漁獵。不利上官出行。

以羊易馬。獲利甚大。室家寧安。布帛盈倉。

右癸統天柱直符臨坤。金受生於土。正卦上兌。而變卦上乾。以羊易馬之象。互巽爲利。而上見乾。故曰大利也。室家寧安者。指坤互艮也。坤爲布帛。又爲衆盈之象。此方利牧養營建商賈入宅。

靈公不君○徵利虐民○趙盾切諫○以獒殺身○

右癸統天柱直符臨震○金往剋木○又爲反吟之格○變卦上乾從兌變來○故曰不君○互巽無坤○故曰徵利虐民○互艮爲狗○故曰以獒殺身者○指金剋木也○此方不利謁貴上官出行牧養○

高木側仆○爲蟲所蠹○雖是天材○不堪棟柱○

右癸統天柱直符臨巽○金往剋木○又爲擊刑之格○正變二卦皆下巽○有高木側仆之象○正卦上兌爲口○以剋巽木○故以蟲象之○乾爲大○巽在下○不能持載諸陽○故曰不堪棟柱也○此方不利營建上官諸事不宜○

娶女於南○不利少姬○金玉既富○既悅且怡○

右癸統天柱直符臨乾。二金比和。正卦上兌爲少女。變卦上
乾爲南。變卦純乾。故曰金玉既富。正卦上兌。故曰既悅且怡
也。此方利婚姻納財商賈入宅。諸事吉。
禾稻不實。爲蝗所嚙。高木大枝。爲風所折。
右癸統天柱直符臨兌。二金雖比。然伏吟之格。未可爲吉也。
正變二卦互巽而無震。又無坎中滿之水象。故曰禾稻不實
也。二卦三見兌。故曰爲蝗所食。高木指巽。大指乾。風指巽。折
指兌。故其象如此。此方值六癸時。爲伏吟。不利種植營建上
官商賈。
南有嘉魚。持竿得之。我有嘉賓。吹塤樂之。

右癸統天柱直符臨艮。金受生於土。正卦互乾爲南互巽爲
魚。爲竿。變卦上乾互乾嘉賓之象。正卦上兌爲口。故曰吹。下
艮爲土。故曰塤。樂指兌。此方利宴會謁貴漁獵婚姻諸事吉。

老夫少妻。是促死期。媒妁無名。亂惑綱紀。

右癸統天柱直符臨離。金受制於火。變卦上乾正卦上兌。老
夫少妻之象。蓋兌爲毀折。而下承之以離。故曰死期也。此方
不利婚姻。上官出行商賈諸事不宜。

小狐渡河。憂濡其尾。行不由義。中道或止。

右癸統天任直符臨坎。土往尅水。正卦上艮下坎。有小狐渡
河憂濡其尾之象。變卦互震而無艮象。故曰行不由義。正卦

中互坤。上見艮。故曰中道或止。此方不利出行上官。

十五爲宗。柔順有德。先王日至。不利出域。

右癸統天任直符臨坤。二土雖比。然反吟之格。未爲吉也。正變二卦。惟艮坤象。艮五坤十。故曰十五。坤主柔順。而艮爲德也。日至陰極之象。蓋指變卦純坤也。不利者無巽象。上見艮止。故曰不利出域也。此方不利出行諸事。惟利於議婚。

戛室美里。文聖所厄。動止非宜。修德以待。

右癸統天任直符臨震。土受制於木。正卦大象離。故曰戛室。變卦上坤互坤。有美里之象。離爲文。坤厚德載物。聖人象之。故曰文聖。正卦下動而上止。故曰動止。以其相尅。故曰非宜。

修德者指艮變坤而見震也。此方不利有爲。

兩雞豚粟衆狐相逐。各分東西爲彼魚肉。

右癸統天任直符臨巽。土受制於木。又爲擊刑之格。正變二卦下皆巽。故曰兩雞。互震爲粟。互兌爲口。有豚粟之象。東西者正卦上艮。變卦上坤也。魚肉者下巽爲魚。變卦大象坎。坎爲肉也。此方不利有爲。

車行粼粼。馬行蕭蕭。道無匪人。室家相保。

右癸統天任直符臨乾。土往生金。雖洩其氣。然大畜變泰。亦可云吉矣。變卦上坤互震。即車馬之象。道無匪人者有坤順而無坎寇也。室家者指坤自艮變來。此方利出行上官不利納財商賈。

牧羊於野食草相角。雖見爭鬬。不有大害。

右癸窺天任直符臨兌。土往生金。自洩其氣。正變二卦下兌而上見坤。有牧羊於野之象。兌爲口食。上互震爲草。蓋兌爲驚門所在之宮。故曰相角。然往生其宮。故曰不有大害也。此方不利商賈。惟利牧養。

三虎伏道。行旅止途。陰雲四塞。鬼哭山隈。

右癸窺天任直符臨艮。二土雖比。然伏吟之格。不爲吉也。正變二卦。三見艮。而一見坤。故曰三虎伏道。互震爲足。故曰行旅。見艮爲止。故曰止途。陰雲者指互坎也。坎爲鬼。爲加憂。爲涕泣。艮爲山。故取象如此。此方不利出行上官商賈婚姻。

周室載興。民安宅舍。甲子平旦。尅商牧野。

右癸統天任直符臨離。土受火生。變卦上坤有周室之象。興者指互震也。民安宅舍者。正卦上艮也。甲子者甲子戊儀。戊土變坤艮也。平旦者二卦皆下離也。牧野者震上見坤艮也。此方利征伐叛逆上章謁貴商賈出行上官婚姻諸事皆吉。

盛陰傷陽。反復載行。車輿陷眚。旅賈悲惶。

右癸統天英直符臨坎。火受制於水。又爲反吟之格。正變二卦四見坎三見離。有盛陰傷陽之象。反復者指反吟也。行者變卦上震也。車輿陷眚。皆指坎也。此方不利出行商賈。

登牀披幃。文綵陸離。中男鰥處。喪其匹偶。
右癸統天英直符臨坤。火徃生土。自洩其氣。正卦互艮。上見離。有登牀披幃之象。披者離麗而變震動也。正變皆互坎。故曰中男正卦上離變震。中女變長男。故曰喪其偶而鰥處也。此方不利婚姻營建。惟利上官出行商賈。

雙輪繡茀。門道多福。行行重行。利於在陸。
右癸統天英直符臨震。火受生於木。正變二卦皆互坎。雙輪之象。正卦上離。故曰繡茀。互艮爲門。二卦三見震。故曰行行重行。中互皆艮。故曰利在陸。此方利商賈出行上官婚姻。惟不利附舟營建。

隻目不明。形同草木。終日不寧。鬼攝其足。

右癸統天英直符臨巽。火離發生於木。然擊刑之格。未爲吉也。正卦上離爲目。二卦惟一見離。故曰隻目。變卦上震爲草。下巽爲木。終日者。指正卦上離也。變卦大象坎。坎爲鬼而上見震爲足。此方不利有爲。

老龍失水。反罹網繒。雖脫斯難。折毀角鱗。

右癸統天英直符臨乾。火徃尅金。變卦上震下乾。有老龍之象。二卦皆無坎。故曰失水。正卦上離。故曰羅網。互兌故曰脫。又爲毀折。二陰在四陽之上。如頭之有角也。故取象如此。此方不利出行上官。諸事不宜。

心病不治。命巫祀鬼。上索飲食。陰人悅喜。

右癸統天英直符臨兌。火往尅金。二卦皆互坎。故曰心病無艮象。故曰不治。下兌爲巫。上離爲祀。互坎爲鬼。兌爲口食。悅喜。此方不利治病上官出行婚姻。惟宜祭祀上書間諜宴會。

意有所欲。不能克遂。設網取魚。相視終日。

右癸統天英直符臨艮。火往生土。自洩其氣。正卦上離互巽。有設網取魚之象。相視終日。蓋指離也。此方不利商賈謀爲。

野燒騰燄。風起火猛。絕無水泉。不可暫止。

右癸統天英直符臨離。二火雖比。然伏吟之格。不爲吉也。二卦三見離。一見震。有野燒騰燄之象。互巽爲風。變卦上震爲

起。無坎象。故曰無泉。無艮象。故曰不可暫止。此方不利出行
上官營建入宅。
六儀統直符所宜。惟中宫未載。中宫四季寄於四維。直符臨
中。則以合宫成卦。儀同天禽加八宫。亦如是式。然加中則不然
也。戊己庚辛壬五儀統禽符到中宫。則中宫與中宫所寄之方。
皆不利舉動。謂之中伏。惟癸儀統禽而加中。謂之天網四張。故
曰天網四張。飛禽不興。所以元聖明入。
右癸統天禽直符臨中五。此時諸事不宜。至於直符所臨。亦
與直符臨宫所宜同斷。不復贅也。

甲遁真授秘集

數終

甲遁一書出本種類甚夥余同類皆為贋
鼎然要之意揣測非敢據為是也自得薛
氏甲遁真授秘集反覆推求愈恍然於
昔存之謬亦知後起賢推與吾有同見者
指誤之以待將來

民國九年舊曆十二月初七日燈下北海倉枝識

心一堂術數古籍珍本叢刊　第一輯書目

占筮類			
1	擲地金聲搜精秘訣	心一堂編	沈氏研易樓藏稀見易占秘鈔本
2	卜易拆字秘傳百日通	心一堂編	
3	易占陽宅六十四卦秘斷	心一堂編	火珠林占陽宅風水秘鈔本
星命類			
4	斗數宣微	【民國】王裁珊	民初最重要斗數著述之一；未刪改本
5	斗數觀測錄	【民國】王裁珊	失傳民初斗數重要著作
6	《地星會源》《斗數綱要》合刊	心一堂編	失傳的第三種飛星斗數
7	《斗數秘鈔》《紫微斗數之捷徑》合刊	心一堂編	珍稀「紫微斗數」舊鈔秘本
8	斗數演例	心一堂編	
9	紫微斗數全書（清初刻原本）	題【宋】陳希夷	斗數全書本來面目；有別於錯誤極多的坊本
10-12	鐵板神數（清刻足本）——附秘鈔密碼表	題【宋】邵雍	無錯漏原版秘鈔密碼表　首次公開！
13-15	蠢子數纏度	題【宋】邵雍	蠢子數連密碼表打破數百年秘傳　首次公開！
16-19	皇極數	題【宋】邵雍	清鈔孤本附起例及完整密碼表研究神數必讀！
20-21	邵夫子先天神數	題【宋】邵雍	附手鈔密碼表研究神數必讀！
22	八刻分經定數（密碼表）	題【宋】邵雍	皇極數另一版本；附手鈔密碼表
23	新命理探原	【民國】袁樹珊	子平命理必讀教科書！
24-25	袁氏命譜	【民國】袁樹珊	
26	韋氏命學講義	【民國】韋千里	民初二大命理家南袁北韋
27	千里命稿	【民國】韋千里	
28	精選命理約言	【民國】韋千里	北韋之命理經典
29	滴天髓闡微——附李雨田命理初學捷徑	【民國】袁樹珊、李雨田	命理經典未刪改足本
30	段氏白話命學綱要	【民國】段方	民初命理經典最淺白易懂
31	命理用神精華	【民國】王心田	學命理者之寶鏡

32	命學探驪集	【民國】張巢雲	發前人所未發 稀見民初子平命理著作
33	澹園命談	【民國】高澹園	
34	算命一讀通——鴻福齊天	【民國】不空居士、覺先居士合纂	
35	子平玄理	【民國】施惕君	
36	星命風水秘傳百日通	心一堂編	
37	命理大四字金前定	題【晉】鬼谷子王詡	源自元代算命術
38	命理斷語義理源深	心一堂編	稀見清代批命斷語及活套
39－40	文武星案	【明】陸位	失傳四百年《張果星宗》姊妹篇 千多星盤命例　研究命學必備
相術類			
41	新相人學講義	【民國】楊叔和	失傳民初白話文相術書
42	手相學淺說	【民國】黃龍	民初中西結合手相學經典
43	大清相法	心一堂編	重現失傳經典相書
44	相法易知	心一堂編	
45	相法秘傳百日通	心一堂編	
堪輿類			
46	靈城精義箋	【清】沈竹礽	沈氏玄空遺珍 玄空風水必讀
47	地理辨正抉要	【清】沈竹礽	
48	《玄空古義四種通釋》《地理疑義答問》合刊	沈瓞民	
49	《沈氏玄空吹虀室雜存》《玄空捷訣》合刊	【民國】申聽禪	
50	漢鏡齋堪輿小識	【民國】查國珍、沈瓞民	
51	堪輿一覽	【清】孫竹田	失傳已久的無常派玄空經典
52	章仲山挨星秘訣（修定版）	【清】章仲山	章仲山無常派玄空珍秘 門內秘本首次公開 沈竹礽等大師尋覓一生末得之珍本！
53	臨穴指南	【清】章仲山	
54	章仲山宅案附無常派玄空秘要	心一堂編	
55	地理辨正補	【清】朱小鶴	玄空六派蘇州派代表作
56	陽宅覺元氏新書	【清】元祝垚	簡易・有效・神驗之玄空陽宅法
57	地學鐵骨秘　附　吳師青藏命理大易數	【民國】吳師青	釋玄空廣東派地學之秘
58－61	四秘全書十二種（清刻原本）	【清】尹一勺	玄空湘楚派經典本來面目 有別於錯誤極多的坊本

62	地理辨正補註　附 元空秘旨　天元五歌　玄空精髓　心法秘訣等數種合刊	【民國】胡仲言	貫通易理、巒頭、三元、三合、天星、中醫
63	地理辨正自解	【清】李思白	公開玄空家「分率尺、工部尺、量天尺」之秘
64	許氏地理辨正釋義	【民國】許錦灝	民國易學名家黃元炳力薦
65	地理辨正天玉經內傳要訣圖解	【清】程懷榮	秘訣一語道破，圖文并茂
66	謝氏地理書	【民國】謝復	玄空體用兼備、深入淺出
67	論山水元運易理斷驗、三元氣運說附紫白訣等五種合刊	【宋】吳景鸞等	失傳古本《玄空秘旨》《紫白訣》
68	星卦奧義圖訣	【清】施安仁	
69	三元地學秘傳	【清】何文源	
70	三元玄空挨星四十八局圖說	心一堂編	三元玄空門內秘笈　清鈔孤本 過去均為必須守秘不能公開秘密 與今天流行飛星法不同
71	三元挨星秘訣仙傳	心一堂編	
72	三元地理正傳	心一堂編	
73	三元天心正運	心一堂編	
74	元空紫白陽宅秘旨	心一堂編	
75	玄空挨星秘圖　附 堪輿指迷	心一堂編	
76	姚氏地理辨正圖說　附 地理九星并挨星真訣全圖　秘傳河圖精義等數種合刊	【清】姚文田等	
77	元空法鑑批點本——附 法鑑口授訣要、秘傳玄空三鑑奧義匯鈔　合刊	【清】曾懷玉等	蓮池心法　玄空六法 門內秘鈔本首次公開
78	元空法鑑心法	【清】曾懷玉等	
79	曾懷玉增批蔣徒傳天玉經補註【新修訂版原（彩）色本】	【清】項木林、曾懷玉	
80	地理學新義	【民國】俞仁宇撰	
81	地理辨正揭隱（足本）　附連城派秘鈔口訣	【民國】王邈達	揭開連城派風水之秘
82	趙連城傳地理秘訣附雪庵和尚字字金	【明】趙連城	
83	趙連城秘傳楊公地理真訣	【明】趙連城	
84	地理法門全書	仗溪子、芝罘子	巒頭風水，內容簡核、深入淺出
85	地理方外別傳	【清】熙齋上人	巒頭形勢、「望氣」「鑑神」
86	地理輯要	【清】余鵬	集地理經典之精要
87	地理秘珍	【清】錫九氏	巒頭、三合天星，圖文並茂
88	《羅經舉要》附《附三合天機秘訣》	【清】賈長吉	清鈔孤本羅經、三合訣法圖解
89-90	嚴陵張九儀增釋地理琢玉斧巒	【清】張九儀	清初三合風水名家張九儀經典清刻原本！

91	地學形勢摘要	心一堂編	形家秘鈔珍本
92	《平洋地理入門》《巒頭圖解》合刊	【清】盧崇台	平洋水法、形家秘本
93	《鑒水極玄經》《秘授水法》合刊	【唐】司馬頭陀、【清】鮑湘襟	千古之秘，不可妄傳匪人
94	平洋地理闡秘	心一堂編	雲間三元平洋形法秘鈔珍本
95	地經圖說	【清】余九皋	形勢理氣、精繪圖文
96	司馬頭陀地鉗	【唐】司馬頭陀	流傳極稀《地鉗》
97	欽天監地理醒世切要辨論	【清】欽天監	公開清代皇室御用風水真本
三式類			
98-99	大六壬尋源二種	【清】張純照	六壬入門、占課指南
100	六壬教科六壬鑰	【民國】蔣問天	由淺入深，首尾悉備
101	壬課總訣	心一堂編	過去術家不外傳的珍稀六壬術秘鈔本
102	六壬秘斷	心一堂編	
103	大六壬類闡	心一堂編	
104	六壬秘笈——韋千里占卜講義	【民國】韋千里	六壬入門必備
105	壬學述古	【民國】曹仁麟	依法占之，「無不神驗」
106	奇門揭要	心一堂編	集「法奇門」、「術奇門」精要
107	奇門行軍要略	【清】劉文瀾	條理清晰、簡明易用
108	奇門大宗直旨	劉毗	天下孤本　首次公開 虛白盧藏本《秘藏遁甲天機》
109	奇門三奇干支神應	馮繼明	
110	奇門仙機	題【漢】張子房	奇門不傳之秘　應驗如神
111	奇門心法秘纂	題【漢】韓信（淮陰侯）	
112	奇門廬中闡秘	題【三國】諸葛武候註	
選擇類			
113-114	儀度六壬選日要訣	【清】張九儀	清初三合風水名家張九儀擇日秘傳
115	天元選擇辨正	【清】一園主人	釋蔣大鴻天元選擇法
其他類			
116	述卜筮星相學	【民國】袁樹珊	民初二大命理家南袁北韋
117-120	中國歷代卜人傳	【民國】袁樹珊	南袁之術數經典